O QUE FAZER

quando não queremos ir à igreja

PeggySue Wells & Pat Palau

O QUE FAZER

quando não queremos ir à igreja

Tradução
Denise Avalone

Vida

Título do original: *What to Do When You Don't Want to Go to Church*
edição publicada por
AMG PUBLISHERS
(6815 Shallowford Rd., Chattanooga, Tennessee 37421)

■

Todas as citações bíblicas foram extraídas da
Nova Versão Internacional (*NVI*),
©2001, publicada por Editora Vida,
salvo indicação em contrário.

■

EDITORA VIDA
Rua Júlio de Castilhos, 280 Belenzinho
CEP 03059-000 São Paulo, SP
Tel.: 0 xx 11 2618 7000
Fax: 0 xx 11 2618 7044
www.editoravida.com.br
www.vidaacademica.net

Editor responsável: Sônia Freire Lula Almeida
Revisão de tradução: Lena Aranha
Revisão de provas: Nilda Nunes
Projeto gráfico e diagramação: Set-up Time
Capa: Arte Peniel

Dados Internacionais de Catalogação na Publicação (CIP)
(Câmara Brasileira do Livro, SP, Brasil)

Well, PeggySue
O que fazer quando não queremos ir à igreja / PeggySue Wells & Pat Palau; [prefácio de Luis Palau]; tradução: Denise Avalone. — São Paulo: Editora Vida, 2008.

Título original: *What to Do When you Don't Want to Go to Church.*
Bibliografia.
ISBN 978-85-383-0025-0

1. Comparecimento à igreja 2. Vida espiritual 3. Vida cristã I. Palau, Pat. II. Título.

08-01238 CDD-264

Índice para catálogo sistemático:

1. Comparecimento à igreja : Culto público : Cristianismo 264

Ao pastor Albert e a Roberta Wollen,
que me ensinaram a amar
e a servir fielmente ao Salvador e à sua Igreja,
seguindo, há mais de trinta anos, o exemplo de Jesus.
— Patricia

A AmyRose, Leilani, Holly, Josiah,
Estee, Hannah e Lilyanna e também à The Chapel,
minha família espiritual.
— PeggySue

Apeguemo-nos com firmeza à esperança que professamos, pois aquele que prometeu é fiel. E consideremos uns aos outros para nos incentivarmos ao amor e às boas obras. Não deixemos de reunirmos como igreja, segundo o costume de alguns, mas procuremos encorajar-nos uns aos outros, ainda mais quando vocês vêem que se aproxima o Dia.

HEBREUS 10.23-25 (*NVI*)

Sumário

Prefácio 9
Agradecimentos 11
Introdução 13

1. A igreja com "I" maiúsculo 17

Parte I — A igreja e o encorajamento
2. A igreja triunfante 35
3. A igreja desencorajada e desencorajadora 45
4. A igreja, minha família 56
5. A minha igreja 65

Parte II — A igreja, uma família para nossos filhos
6. Transmissão da fé 75
7. Uma igreja para os que enfrentam batalhas 87
8. O retorno do filho pródigo 101
9. Uma igreja que promove o crescimento 116
10. A igreja e seus costumes 126

Parte III — A igreja, uma família disfuncional
11. A igreja e seus conflitos 137
12. A igreja e a reconciliação 148
13. Está na hora de ir embora? 158
14. Nada se compara à nossa família 163

Prefácio

Pat, minha esposa, e eu somos membros ativos de uma igreja perto de nossa casa, em Portland, Oregon. Embora viajemos boa parte do ano pelos Estados Unidos e além-mar para cumprir nossa agenda de evangelismo, não temos desculpas para não participar de nossa igreja nem nos sujeitar a seus presbíteros. Para nós, é importante consultá-los antes de tomar decisões importantes que envolvam nossa família e, às vezes, até mesmo nossa equipe de evangelismo.

O conselho que dou a todo cristão é o mesmo: freqüente a igreja regularmente. Siga os procedimentos necessários para tornar-se membro da igreja. Informe os líderes da igreja de seu desejo em tornar-se membro ativo e trabalhar com sua orientação e liderança.

Muito embora nossas igrejas não sejam perfeitas, procure não desenvolver um espírito crítico: "Irmãos, em nome de nosso Senhor Jesus Cristo suplico a todos vocês que concordem uns com os outros no que falam, para que não haja divisões entre vocês; antes, que todos estejam unidos num só pensamento e num só parecer" (1Coríntios 1.10). Sua igreja é sua "família" em Cristo. Defenda-a! Quando alguém reclamar, lembre-o de levar o assunto aos presbíteros ou pastores, e não a outros cristãos da igreja. Afinal, alguns membros não são maduros, e muitos não têm o dom para resolver questões mais difíceis.

Por causa de outros compromissos, às vezes sou obrigado a limitar minha participação na igreja local, mas estou convencido, pelas Escrituras e por experiência própria, de que, enquanto continuar criando raízes na igreja, serei vencedor.

Este livro prático, fundamentado em princípios bíblicos e mesclado com doses de humor, ajudará milhares de cristãos a resolver uma questão essencial da vida cotidiana. Gosto das citações, das entrevistas e dos comentários realistas que dão vida ao livro e motivam a leitura.

Sou testemunha do empenho que PeggySue e Pat dedicaram ao livro. Creio que pastores serão beneficiados com o encorajamento que esta obra oferece ao trabalho deles; trabalho esse que honra a Deus em sua própria igreja. *O que fazer quando não queremos ir à igreja* apresenta-nos efetivamente as grandes vantagens, os motivos divinos e o aprendizado de se assumir um compromisso duradouro com a igreja e de servi-la ativamente.

Desafio você a repensar a importância da igreja na sua vida. É uma boa hora para recomeçar!

Luis Palau

Agradecimentos

Agradecemos profundamente a:

Nossos generosos colaboradores. Vocês são a inspiração deste livro.

Mary Ann Froehlich, que deu início a este projeto, encorajando-nos, até o fim, durante todo o processo.

David e Renée Sanford, que compreenderam a intenção deste livro e, por isso, fizeram um magnífico trabalho de edição.

Dan Penwell e aos profissionais na AMG Publishers, que, graças a Jesus Cristo, acreditam que a igreja é importante.

Introdução

Não é você que canta, mas a igreja, e você, como membro [...], compartilha de sua canção. Assim, todo canto verdadeiro [em conjunto] serve para ampliar nossos horizontes espirituais, para fazer-nos ver nossa pequena participação como membros da grande Igreja cristã terrena e para unir, de boa vontade e com alegria, nosso canto, quer fraco quer vigoroso, ao canto da Igreja.

— DIETRICH BONHOEFFER, *Vida em comunhão*

É difícil admitir, mas todos nós já passamos por isso. É domingo, e você não está com a mínima vontade de ir à igreja.

No começo, é compreensível. Você, por razões nobres, está extremamente cansado: está ajudando um amigo; e a igreja, ultimamente, não tem sido inspiradora; o pastor é novo, e você não consegue se acostumar às inovações implementadas por ele. Domingo é um dia de descanso e seria bom só descansar; afinal de contas, a semana promete ser estressante.

O problema é que essa argumentação acontece há seis meses, e as desculpas continuam crescendo até que você perde o hábito de ir à igreja. Às vezes, surge o sentimento de culpa, mas muitas pessoas à sua volta fazem a mesma coisa. Na verdade, no ano passado, você era o único do quarteirão que se importava em ir à igreja aos domingos.

Na verdade, você não tinha intenção de abandonar a igreja, mas foi o que aconteceu. Que diferença isso faz?

Quem sabe você ande discutindo muito com o cônjuge e os filhos, e a simples imagem de famílias inteiras bem acomodadas nos bancos da igreja, e felizes, cause-lhe desespero. Talvez não seja apenas por que seu fim de semana está sendo ruim, mas, quem sabe, algumas lembranças dolorosas da infância façam da igreja um lugar arriscado para estar. Normalmente, a igreja está mais associada a atividades que a relacionamentos. Uma discordância ou conflito deixa-o pouco à vontade em encontrar uma determinada pessoa ali. Por saber que você não faz parte da "panelinha" da igreja, talvez se sinta traído pela comunidade dos cristãos, agora, reduzida a um clube social.

E a lista continua. Os motivos em si parecem imaturos, infantis ou ilegítimos, mas começam a se acumular e, só de pensar sobre o assunto, você diz: "Não quero mais ir à igreja".

Por vezes, você se sente ainda mais distante de Deus quando assiste a um culto. Talvez você nunca tenha se sentido mais só que quando vai à igreja. Por quê? Nas diversas fases da vida, os motivos para fugir da igreja podem ser inúmeros.

Independentemente de o problema ter surgido numa explosão momentânea ou gradativamente, será que freqüentar a igreja é tão importante assim?

Pat e PeggySue chegaram à fé por caminhos diferentes. Embora a família de PeggySue fosse continuamente à igreja quando ela ainda era pequena, sua infância foi um verdadeiro caos, incluindo maus-tratos, negligência e abandono. Como o divórcio era considerado um pecado imperdoável, a igreja automaticamente a excluiu e a rejeitou quando seus pais se separaram. Anos depois, casada e grávida do primeiro filho, PeggySue, ao lado do marido, retornou à igreja na esperança de dar à criança um relacionamento verdadeiro com Jesus Cristo. Com o bebê recém-nascido no colo, ela se dedicou novamente ao Senhor.

A história de Pat é bem diferente. No dia do nascimento de Pat, os avós deram a seus pais um exemplar de Wondrous Love [Extraordinário amor], de D. L. Moody. Na primeira folha, vovó escreveu:

> *A Elsie e Willard, no nascimento de Patricia.*
> *Que sua doce e pequena vida seja dedicada ao Senhor,*
> *cujo extraordinário amor nunca falha*
> *(João 3.16).*
> *De sua mãe*
> *24 de junho de 1937*

Embora os avós tivessem depositado sua fé em Jesus Cristo havia pouco tempo, os pais de Pat não eram cristãos e evitavam qualquer conversa de teor religioso. Entretanto, isso não impediu seus avós de transmitir, pela palavra e pelo exemplo, as boas-novas de Jesus Cristo. Depois de muitos anos, os pais de Pat aceitaram o Senhor Jesus como Salvador pessoal e, aos 8 anos de idade, ela fez o mesmo.

Sua avó não imaginava que Pat casaria com um evangelista e que, juntos, dedicariam a vida a pregar o evangelho no mundo todo. Deus, porém, atendeu ao desejo dessa avó de conceder uma herança santa à família.

Hoje, Pat e Luis têm quatro filhos, quatro noras e nove netos (por enquanto!). A família Palau mora em Portland, Oregon, perto da sede internacional da Luis Palau Evangelic Association. Pat freqüenta a mesma igreja que os avós ajudaram a fundar e onde seus pais se firmaram na fé.

Para escrever este livro, pedimos a nossos colaboradores que contassem o que os encoraja a freqüentar regularmente uma igreja e o que os desmotiva. Entrevistamos adultos para saber o que os pais e a igreja fizeram no sentido de encorajar sua fé e que fatores os desmotivaram na infância. Perguntamos a alguns filhos pródigos o que os fez retornar à fé. Questionamos os que não cresceram em famílias cristãs quem os levou a Jesus Cristo. Descobrimos que tipo de tradições espirituais ajuda os cristãos a se manter firmes. Finalmente, tivemos acesso a feridas e conflitos internos que ocorrem no seio da igreja, e a grande esperança que decorre da cura e reconciliação, da aceitação da natureza humana pecadora e da graça de Deus.

> *Quando me tornei cristão [...], pensei que poderia fazê-lo sozinho, recolhendo-me em meus aposentos e estudando teologia; não pensava em freqüentar nenhuma igreja. [...] Não gostava nem um pouco dos hinos, que considerava poemas de quinta categoria entoados por uma música de sexta categoria. Entretanto, à medida que prossegui nessa caminhada de ir regularmente à igreja, vi seu grande mérito. Conheci pessoas diferentes, com aparência e escolaridade distintas; e, gradualmente, meu preconceito começou a desmoronar. Percebi que os hinos, com a ajuda de um idoso santo, usando botinas, no banco em frente, eram cantados com devoção. Então nos damos conta de não estarmos à altura de limpar essas botinas. Isso acaba com a presunção solitária de qualquer pessoa.*
>
> — C. S. Lewis, *God in the Dock* [Deus no banco dos réus]

CAPÍTULO

1

A igreja com "I" maiúsculo

A vida cristã não é um assunto particular. Quando renascemos na família de Deus, não apenas ele se torna nosso Pai, mas qualquer cristão no mundo, seja qual for sua nação ou denominação, torna-se nosso irmão em Cristo. No entanto, é inútil pensar que ingressar na Igreja de Cristo é suficiente; devemos pertencer a uma de suas ramificações locais [...]. O lugar do cristão é em uma igreja [...], compartilhando sua adoração, sua comunhão e seu testemunho.

— John Stott, *Basic Christianity* [Cristianismo básico]

Comecei a interessar-me pelo assunto igreja e a freqüentar uma porque tinha amigos que mudavam de igreja. Eles se autointitulavam cristãos "sem igreja". Eles diziam que tinham coisas melhores para fazer no domingo que ir à igreja.

Realmente, com tantas demandas em nosso tempo já limitado, por que passar um belo dia de domingo na igreja?

É vital lembrar que usamos a palavra igreja de duas maneiras: igreja com "I" maiúsculo e igreja com "i" minúsculo. Todos os cristãos em Jesus Cristo, todos os cristãos renascidos, são membros da Igreja mundial com "I" maiúsculo. A congregação local é a igreja com "i" minúsculo.

A igreja com "i" minúsculo nos deixou com uma impressão negativa a respeito do significado de igreja. Sentimentos como desorientação e desconexão aparecem quando tentamos encontrar uma igreja-família, onde possamos nos estabelecer. As palavras-chave que definem a igreja são: unir-se e pertencer. Ansiamos por nos unir uns aos outros e por pertencer a um grupo.

Jesus convidou diretamente as pessoas a se unirem à igreja por meio de um relacionamento com ele. A certeza de que estamos ligados a Jesus e ele nos ama, de que Deus é nosso Pai e somos seus filhos é o que nos une ao corpo de Cristo, "pois somos membros do seu corpo" (Efésios 5.30). O sentimento de ser aceito por essa Igreja, com "I" maiúsculo, deixa-nos à vontade para participar de uma igreja-família que realmente pertença ao grande Corpo de Cristo.

Quando visito igrejas em lugares distantes, como a Turquia ou a Índia, fico emocionado com o sentimento de união entre cristãos cujo idioma nem mesmo conheço. Eles não se parecem comigo e não adoram da mesma forma que eu, mas estamos unimos como parte da grande Igreja, com "I" maiúsculo, o corpo de Cristo.

No entanto, dependendo do lugar e das circunstâncias, as pessoas são desprezíveis. A liderança pode ser tudo, menos santa. Em situações pouco saudáveis, encontramos amostras não-bíblicas de liderança ditatorial. Em condições destrutivas, as pessoas perdem a habilidade de raciocinar, a capacidade de buscar a Deus como indivíduos e de exercitar sua própria liberdade em Jesus Cristo. Essa, porém, deve ser a exceção, e não a regra.

O desapego que sentimos ao tomar a decisão de nos unir a uma igreja local, com "i" minúsculo, não surge por causa de detalhes como nosso jeito de cantar e de sentar ou a entonação na voz do pastor. É uma conseqüência da nossa união com o próprio Jesus.

A igreja com "i" minúsculo consiste em uma porcentagem de pessoas sem a confiança de uma experiência unificante na qual se busca o repouso em Jesus e seu perdão. Cada um de nós deve ir até Jesus, que disse: "'Eu sou o caminho, a verdade e a vida. Ninguém vem ao Pai, a não ser por mim'" (João 14.6). Nós, os pecadores, somos e estamos extremamente carentes... de um Salvador! Enquanto não nos unirmos ao Salvador, nossa união com o grupo local de cristãos não estará completa.

"'Venham a mim'"

Pessoas vivem estressadas, alienadas, isoladas e inquietas a maior parte do tempo. Jesus disse: "'Venham a mim, todos os que estão cansados e sobrecarregados, e eu lhes darei descanso. Tomem sobre vocês o meu jugo e aprendam de mim, pois sou manso e humilde de coração, e vocês encontrarão descanso para as suas almas. Pois o meu jugo é suave e o meu fardo é leve'" (Mateus 11.28-30).

Jesus descreveu-nos os que estão "'cansados e sobrecarregados'". Nosso ministério internacional, o Luis Palau Evangelistic Association, realizou uma pesquisa na região de North Shore em Chicago, na qual a população tem uma qualidade de vida muito boa. A maioria de nós trocaria de lugar com um morador dali num piscar de olhos. No entanto, as jovens de classe média declararam que se sentiam extenuadas, confusas com tantas opções e esgotadas. Sem dúvida, não estão cansadas e sobrecarregadas como as pessoas em outras partes do mundo que têm de lutar para ter o que comer, mas graças à vida agitada, ao esforço para encontrar um equilíbrio entre a necessidade de paz e a realização pessoal, e à pressão de ter de lidar com as necessidades dos outros.

As pessoas exauridas se caracterizam pela atividade constante que não contribui em nada para nos aproximar do Reino, para conhecermos Jesus melhor nem mesmo para deixar nossa casa mais limpa. O resto do mundo zomba de toda essa agitação, porque as pessoas estão sempre mudando e nunca sossegam. O que está aqui hoje já não existe amanhã, e a igreja reflete essas tendências.

Às vezes, ficamos cansados e sobrecarregados com os padrões irreais que estabelecemos por medo de sermos considerados um fracasso. Veja o que diz esta paráfrase de Mateus 11.28-30: "Venham a mim, todos vocês que estão cansados de carregar as suas pesadas cargas, e eu lhes darei descanso. Sejam meus seguidores e aprendam comigo porque sou bondoso e tenho um coração humilde; e vocês encontrarão descanso. Os deveres que eu exijo de vocês são fáceis, e a carga que eu ponho sobre vocês é leve" (*NTLH*).

"'Eu lhes darei descanso'"

Jesus Cristo não nos convida a assistir mais uma aula ou programa, mas a ir diretamente até ele. Podemos escolher entre o descanso e o estresse. Todos nós conhecemos o significado do estresse. Vá até Jesus, o Conselheiro, em busca de esclarecimento; vá até Jesus, o Deus todo-poderoso, em busca de consolo; vá até Jesus, o Príncipe da paz, em busca de descanso, porque ele é o único que realmente supre todas as nossas necessidades.

Nunca conheci alguém mais disposto a ficar do meu lado e ouvir reclamações sobre as singularidades da minha vida. Alguma vez você já compartilhou com alguém um grande conflito, e a pessoa disse simplesmente: "Não é nada", e depois ainda contou uma experiência dela própria mais grave que a sua? Em vez disso, o apóstolo Paulo diz: "... pois cada um deverá levar a própria carga" (Gálatas 6.5).

As pessoas conseguem apenas demonstrar esse tanto de empatia. Jesus disse para levarmos até ele os problemas que roubam nossa tranqüilidade — culpa, pecado, frustração — e as coisas que definem quem realmente somos. Se você conseguir encontrar dois ou três amigos ao longo da vida que compreendam partes de seu ser, agradeça ao Senhor por eles. Devemos aceitar a contribuição das pessoas em nossa vida, mas não esperar que elas nos compreendam totalmente. O único que nos entende perfeitamente é aquele que nos criou. Isso também vale para as igrejas. É inútil esperar de nossos semelhantes o amor, a aceitação e o perdão que somente Deus pode nos dar.

Quando Jesus disse: "'... eu lhes darei descanso'", referia-se ao descanso eterno. Nada é mais importante que estabelecer um relacionamento com ele. Quando encontramos esse descanso, sentimos-nos à vontade na igreja com "i" minúsculo. Se você não fixar sua morada no céu, não conseguirá estabelecer nenhum relacionamento na terra.

O descanso que Jesus promete é o sentimento de ser renovado, estar vivo e encontrar a paz interior. O descanso supremo é o perdão para nossa alma. Ele foi concedido ao pé da cruz, quando Jesus pagou pelos nossos pecados e erros, e é renovado diariamente. O descanso eterno significa saber que o céu também é nossa morada; portanto, não importa o que acontecer aqui, podemos sempre seguir em frente. Nada é capaz de nos separar do amor de Deus.

"'O meu jugo é suave e o meu fardo é leve'"

O jugo é uma oportunidade de nos atrelarmos, de boa vontade, a Jesus em um relacionamento pessoal do tipo tutor-aprendiz.

Se algo incomodar-nos quando estivermos firmemente atrelados a ele, basta olhar para o lado e lembrar-nos de que podemos buscar sua orientação.

Como filhos de Deus, somos livres para fazer questionamentos. Deus está sempre pronto a nos orientar. As circunstâncias nem sempre são fáceis; os relacionamentos, às vezes, são complexos. Sua condição em relação a Deus e sua aceitação do Senhor dependem somente de você, e não das pessoas à sua volta. Você não precisa competir com o mundo. Deus perdoa-o, ama-o, aceita-o e transforma-o para que você possa descansar enquanto estiver atrelado a ele. Quando Jesus está em você, o Espírito Santo é seu professor. E isso realmente funciona!

Em geral, criamos nossos próprios jugos de liderança, serviço voluntário e outros castigos que nos infligimos. Eles não são suaves nem leves, mas esmagadores. Sempre acabamos esgotados quando nos concentramos nas pessoas à nossa volta, e não em Jesus.

Em vez disso, precisamos administrar cuidadosamente o tempo e permanecer nas áreas que Deus permitiu que dominássemos. Ele nos criou, planejou nossa vida e sabe o que podemos fazer com naturalidade. Estabelecemos nossas prioridades criando tempo para refletir, resolver os problemas, aguardar, ficar quietos e testar o que aprendemos nas Escrituras. Quando estamos atrelados a Jesus Cristo, o fardo é dele; ele o carrega para nós.

A afirmação: "'e vocês encontrarão descanso para as suas almas'", refere-se à experiência diária e constante de renovarmos nosso compromisso, confessarmos nossas falhas e restaurarmos a comunhão com ele. O descanso para nossa alma leva à vida eterna por causa da obra perfeita de Jesus Cristo na cruz. O descanso para nossa alma livra nossa consciência da culpa. Aceitamos a Jesus uma vez para limpar nosso pecado e o buscamos diariamente para renovar nosso relacionamento.

Jesus descreve a si mesmo como "'manso e humilde de coração'", mas isso não se aplica às igrejas que conhecemos. É por isso que sempre o buscamos. Quando nos fixamos nas pessoas, encontramos a decepção.

A liderança de Jesus Cristo não se caracteriza por regras, rigidez, exigências injustificadas ou imponderadas. Ele jamais diria: "Faça isso porque eu estou mandando!". Quando estamos atrelados a Jesus, podemos ouvir sua voz calma a nos guiar. O dr. Haddon Robinson, do seminário Gordon-Conwell, disse certa vez: "Aprendi que Deus me ama do jeito que eu sou [...], mas seu amor é grande demais para me deixar assim". Se Deus nos pede para fazer algo, é porque já nos preparou para isso.

Portanto, por que pertencer a uma igreja?

Vamos à igreja porque temos o mesmo Pai celestial, somos uma família e, como tal, tratamo-nos bem. Em minha própria casa, não peço, sem mais nem menos, para duas pessoas continuarem a morar comigo, e os demais irem embora. Posso ficar contrariado, mas não faço isso, porque todos nasceram em minha família. Da mesma forma, todos nós nascemos na família de Deus e, seja como for, precisamos aprender a viver juntos.

Não me convence a seguinte justificativa: "Sou a igreja porque pertenço a Jesus Cristo, por isso não preciso freqüentar a igreja". É bonito dizer: "Onde quer que eu esteja esta é minha igreja", mas não é verdade. Realmente, viajo com freqüência, mas, quando não estou fora, é para lá que vou. Deus não tem um livro de presença, mas a Bíblia fala que devemos nos reunir com regularidade de alguma forma, para nosso próprio bem e pelo bem de outros cristãos (v. Hebreus 10.25).

É incrível o quanto nossa mente pode ser enganosa. Posso pensar em vários motivos para não freqüentar a igreja: passei boa parte da semana ao lado de cristãos, ouvi várias mensagens, cantei muitos hinos, então, qual é o problema? Por que preciso ir à igreja nesse dia em especial?

Não importa, precisamos ir à igreja porque as pessoas do grupo ao qual estamos unidos e ao qual pertencemos estarão lá. A adoração constante na companhia de outros cristãos controla a nossa bússola e temperatura espirituais.

Durante a semana, olhamos para o mundo material e para os seres humanos como se tudo se resumisse a isso. A adoração desanuvia nossos olhos para que possamos ver a imagem real de Deus, do universo e do nosso lugar nele. Freqüentar a igreja é a melhor maneira de crescer e desenvolver meus dons espirituais. Não podemos crescer no isolamento. Precisamos ouvir a voz dos outros, além da nossa.

Quando enfrentarmos problemas, outros cristãos poderão nos ajudar, se nos conhecerem. Se um dia você adoecer ou morrer, é melhor estar em uma igreja que o conheça porque, caso contrário, ninguém o consolará ou planejará seu funeral! Tenho uma amiga que gosta de certo pregador que tem um programa na televisão. Para ela esse pregador tem mais charme e vigor que o pastor da igreja que freqüentamos, mas não será a celebridade da televisão que conduzirá o funeral da minha amiga!

Quando pertencemos ao corpo de Cristo, ingressamos na família da igreja e enfrentamos as dificuldades juntos, o ano inteiro, sem cessar. Quando passamos trinta ou quarenta anos no mesmo lugar, conhecemos cada família e sabemos como Deus a está aperfeiçoando cada vez mais. Quando alguém nos pergunta sobre uma família, dizemos: "Conheço essa família desde que seus pais eram pequenos e, pode acreditar, a vida deles é muito melhor agora que antigamente".

Poder acompanhar, lentamente, o imperceptível crescimento nas famílias e em nós mesmos é o lado maravilhoso de permanecer em uma igreja por muito tempo. Conhecemos melhor as pessoas. A igreja com "i" minúsculo é um laboratório onde fazemos testes, aprendemos a fazer coisas novas e as pessoas nos dão uma chance. Todo tipo de oportunidade surge quando aprendemos e servimos em uma igreja que vise nosso crescimento.

Posso, sinceramente, apontar as qualidades da maioria das igrejas que conheço. Certamente, todas têm seus altos e baixos. Ninguém encara bem as mudanças que, não raro, causam desconforto na igreja, mas podemos enfrentá-las quando temos certeza absoluta de que somos filhos de Deus e é isso que nos une.

Lembro de dizer a um diácono, quando estava na faixa dos 30 anos, que não me sentia feliz em nossa igreja. Não me sentia à vontade nem estimada. Estávamos passando por várias mudanças na época. Ele me deu um tapinha no ombro e disse que eu acabaria me sentindo bem. Ele não aceitou minhas sugestões, e nada ficou do jeito que eu queria. Fico feliz por ter permanecido ali! Há muito, esqueci daqueles problemas.

Unir-se e pertencer

Sei o que significa não se sentir à vontade. É desagradável quando estou em um grupo e as pessoas fazem comentários, zombarias ou usam apelidos dos quais todos riem menos eu, porque não faço a menor idéia do que estão falando. Em geral, os boletins dos eventos por vir são feitos usando as iniciais dos grupos, por isso nunca sei se faço parte ou não do programa.

Uma igreja saudável é zelosa com aqueles que se empenham em desenvolver o sentimento de pertencer a um grupo. Quanto melhor entendemos nosso papel no corpo de Cristo, a igreja com "I" maiúsculo, mais fácil será enfrentarmos os momentos constrangedores e sabermos que logo nos sentiremos à vontade. Nossos sentimentos não são tão importantes quanto assumirmos fielmente o compromisso de nos estabelecer e crescer. Nós crescemos quando nos propomos a ir onde não queremos e a fazer coisas que não faríamos naturalmente. Aos poucos, começamos a nos sentir à vontade.

Há uma grande diferença entre ficar à vontade e sentir-se à vontade. A igreja é a nossa casa, muito embora possamos demorar a encará-la dessa forma. Um dia, porém, nos estabelecemos ali e nos sentimos à vontade.

Como é uma ótima igreja?

A comunidade eclesiástica não é perfeita. Jesus disse: "'Não são os que têm saúde que precisam de médico, mas sim os doentes'" (Mateus 9.12). Quando ficamos mudando de uma igreja para outra, achamos que todos são santos e perfeitos. Não ficamos tempo suficiente para descobrir que existe o outro lado. Não conhecemos a realidade. A igreja é um bem, uma ferramenta, uma comunidade, uma comunhão e um lugar que devemos freqüentar.

Uma ótima igreja é especializada em ajudar as pessoas a conhecer Jesus Cristo e a crescer nesse relacionamento com Cristo. Infelizmente, os seres humanos não aprenderam a equilibrar bem as coisas. Uma igreja boa em evangelismo nem sempre é boa em desenvolver os cristãos que, por meio dela, puderam renascer. Conheço uma igreja que, todo domingo à noite, oferece um culto de evangelismo, porém, há mais de trinta anos, apenas cristãos comparecem a ele. Todo domingo à noite, a mensagem é a mesma, mas somente porque se tornou um hábito inquestionável.

Uma ótima igreja valoriza a Palavra de Deus, apresentando-nos consistentemente as Escrituras, deixando-nos levantar questões e permitindo que a Palavra fale por si. Juntos, louvamos o Senhor por meio da adoração, da comunhão, da comunidade, do evangelismo, da oração, do estudo bíblico, do ensino cristão e do esforço para alcançar outras pessoas. Nessas atividades, consideramos "uns aos outros para nos incentivarmos ao amor e às boas obras" (Hebreus 10.24).

Uma ótima igreja possui líderes que demonstram os dons do Espírito Santo ao conduzir a comunidade de cristãos; mas a Bíblia não exalta mais os líderes que aqueles que os seguem. Todos nós somos líderes de alguma forma. Somos tanto aprendizes quanto líderes; aprendemos e ensinamos simultaneamente. A igreja é um grupo de pessoas, orientada pelo Espírito Santo, que se prepara mutuamente para ministrar o evangelho de Jesus Cristo. Seu objetivo é "preparar os santos para a obra do ministério, para que o corpo de Cristo seja edificado" (Efésios 4.12).

A igreja é importante!

- É importante para Deus que freqüentemos a igreja. Jesus, aos sábados, ia à sinagoga e, se existe alguém que tinha bons motivos para não ir, era ele! Ele foi para instruir, ser uma bênção e dar um exemplo daquilo que deveríamos fazer.
- Vou à igreja para celebrar Jesus. Expliquei isso em um domingo de manhã aos "choramingões" no banco de trás do meu carro. Vou porque é o dia em que nos lembramos da ressurreição de Cristo, e não acho que seja pedir muito dedicar apenas parte de um dia da semana ao Senhor.
- Vou à igreja porque ela é importante para mim, é importante para minha família que me observa. Isso não quer dizer que, toda vez que saio dali, diga: "Nossa! Foi fabuloso". No entanto, sempre fico contente por ter ido. Esse é o meu lugar; já recebi muitas bênçãos ali.

- É importante ir à igreja porque, lá, estou na companhia de pessoas que compartilham a mesma jornada espiritual que estou trilhando e nos ajudamos mutuamente. Orava para que meus filhos crescessem e se casassem com pessoas que cressem em Jesus. Concluí que o melhor lugar para que conhecessem outros jovens e fizessem amigos era na igreja em que eu firmara raízes, e eles eram felizes.
- É importante para a comunidade que eu vá à igreja. As pessoas vêem a igreja como um lugar onde podem ir e receber apoio e encorajamento. Todo mundo vai à igreja quando acontece uma tragédia. É importante para a comunidade que exista uma igreja.
- É importante para minha saúde que eu descanse no domingo. Nós nos esquecemos disso. Quando era criança, as pessoas não faziam nada que lembrasse trabalho no domingo. O comércio fechava. Tento resistir às coisas que roubam meu dia de descanso, mas estou mergulhado numa cultura que quer fazer tudo ao mesmo tempo. Anseio por uma vida mais simples, mas atualmente há muitas coisas que posso fazer no domingo. Deus criou um dia de descanso para relaxarmos, lermos, ouvirmos música e conversarmos com ele e com as pessoas. Reservar uma hora para não fazer nada, cantar e ouvir a Palavra de Deus já é um bom começo.
- Vou à igreja para encontrar a quietude. A fim de crescer espiritualmente, é necessário praticar disciplinas espirituais como a leitura e a memorização da Bíblia, o jejum e a oração. Entretanto, não somos monges. Não vivemos em um lugar onde o telefone não toca, e essas disciplinas não são praticadas tanto quanto deveriam. A reunião com outras pessoas é um desafio para perseverar em disciplinas espirituais saudáveis.

- Vou para adorar o Pai, o Filho e o Espírito Santo. Nenhum programa de igreja é estranho a ponto de deturpar minha experiência de adorar o Senhor. Algumas pessoas reclamam que não ganham nada com a igreja ou que ela não atende às suas necessidades. Rick Warren, no livro Uma vida com propósitos, lembra-nos: "Se você alguma vez já disse: 'Não aproveitei em nada a adoração de hoje', você adorou pelos motivos errados. A adoração não é para você, é para Deus"[1]. Posso adorar a Deus em qualquer lugar, até mesmo na igreja. Ir à igreja e exercitar meus dons espirituais em meio a outros cristãos é algo que faz parte do serviço espiritual de adoração que Deus espera de mim (v. Romanos 12.1-13).
- Vou à igreja para abençoar os outros. Não tenho nada especial a dizer a ninguém, mas algumas pessoas são abençoadas se eu simplesmente souber seu nome, der um tapinha em seu ombro e reconhecer que elas pertencem à mesma comunidade. Outras vezes, nossa reunião semanal em nome de Cristo estimula conversas incríveis e até mesmo transformadoras.
- Vou para ser obediente a Deus. Hebreus 10.24 e 25 exorta: "E consideremos uns aos outros para nos incentivarmos ao amor e às boas obras. Não deixemos de reunir-nos como igreja, segundo o costume de alguns, mas procuremos encorajar-nos uns aos outros, ainda mais quando vocês vêem que se aproxima o Dia".

[1] WARREN, Rick. *Uma vida com propósitos: você não está aqui por acaso*. São Paulo: Vida, 2003.

Aprender a viver nessa família

As pessoas alegam que perderam o hábito de ir à igreja. Dizem que não sentem falta, que ali não se divertem ou que, na igreja, tiveram experiências negativas na infância. As histórias mais tristes que já ouvi a respeito da igreja com "i" minúsculo revelam uma terrível ausência de graça. No entanto, somos adultos e bastante crescidos para reconhecer que a maldade existe; assim podemos pedir a Deus para nos ajudar a ter muita graça nas atitudes em relação aos outros.

Se você pertence a Jesus Cristo, faz parte de seu corpo, onde quer que este esteja. A igreja com "i" minúsculo é sua! Todos nós temos a mesmas necessidades de nos unir e de pertencer. Meus filhos não abandonam a família dizendo que fazem isso porque não atendo às suas necessidades. Eles podem até dizer isso, mas esse comentário não muda nada. Não freqüento uma determinada igreja porque ela é perfeita, mas porque é o lugar onde Deus deseja que nos reunamos como família. Encontre maneiras de ajudar os outros a crescer. Entre para um pequeno grupo em que você possa conhecer os outros, ser conhecido e estabelecer raízes na igreja. Nada pode substituir a igreja com "i" minúsculo.

Uma amiga contou-me que mudou de igreja mais uma vez. Fiz este comentário: "Muito bem, mas não repita mais isso". Precisamos encontrar uma igreja e nos estabelecer nela. A reunião semanal com Deus e seus filhos é uma terapia.

Em João 14.2, Jesus disse: "'Vou preparar-lhes lugar'". Um dia ele voltará e nos levará para o céu. O céu é a nossa verdadeira casa. O céu não é aqui. Sempre haverá algum problema nas coisas que fazemos e em nossos relacionamentos. Esta vida não é tudo; é apenas um treinamento para a vida eterna. A assembléia local de cristãos é uma preparação para o céu que será nosso um dia. Qualquer sentimento momentâneo de desconforto é apenas um lembrete de que ainda não estamos em casa. Até o retorno de

Cristo, a igreja é o lugar em que Deus nos colocou para abençoar e sermos abençoados.

A igreja com "I" maiúsculo torna-nos cristãos, membros do corpo de Cristo. A igreja com "i" minúsculo é nossa família, nosso refúgio, nossa casa terrena. É o lugar ao qual realmente pertencemos.

Você verá que aqui costumamos nos chamar de "irmão e irmã"
É porque somos uma família muito unida;
Quando alguém está sofrendo, todos choram,
E, em cada vitória, todos se regozijam nesta família tão querida.
Da porta de um orfanato até a casa do Rei
Não sou mais rejeitado, agora canto uma nova canção,
Na pobreza e na riqueza, na fraqueza e na firmeza,
Não sou digno de estar aqui, mas louvado seja Deus, Senhor do meu coração!
Sou feliz por pertencer à família de Deus,
Em sua fonte me lavei e em seu sangue me purifiquei!
Na jornada nesta terra, somos herdeiros em Jesus
Pois sou parte da família de Deus que aceitei.
— *The family of God* [A família de Deus][2]

[2] Inspirado em acidente que causou sérias queimaduras num membro da igreja. A congregação orou dia e noite até anunciarem, no domingo de Páscoa, que ele sobreviveria. Letra de William J. e Gloria GAITHER, música de William J. GAITHER. Copyright © 1970 William J. Gaither, Inc. Todos os direitos reservados a Gaither Copyright Management. Utilizado com permissão.

PARTE I

A igreja e o encorajamento

CAPÍTULO

2

A igreja triunfante

A força de uma igreja não está na largura do santuário, mas na envergadura do seu abraço.

— Boletim de uma igreja

Por que é importante pertencer à igreja de Cristo e se tornar um cristão maduro? A resposta é a mesma para todos os cristãos, de todos os tempos, em todos os lugares. Tudo que fazemos fica quase automaticamente ultrapassado, mas um dos argumentos mais fortes para a verdade do evangelho é que ele serve para qualquer pessoa, em qualquer lugar. Ele sempre serviu e sempre servirá.

Vi um belo exemplo de simplicidade da igreja em uma viagem ao sul da Ásia. Foi minha terceira visita a um grupo de estudo bíblico que se encontrava duas vezes por semana no telhado de uma casa em uma cidade com 10 milhões de habitantes, e adorei ao lado de outras 62 mulheres de todas as idades, muitas das quais idosas. Uma missionária, Colleen Redit, coordenava o grupo havia trinta anos.

Elas faziam a chamada, e as mulheres respondiam citando um versículo de cor. Casadas com homens rigidamente religiosos que proibiam o contato com a cristandade, a maioria dessas mulheres não guardava uma Bíblia em casa, mas tinha um conhecimento bíblico incrível. Elas eram capazes de citar longos capítulos. Sempre que diminuía o ritmo da fala em minha apresentação, elas completavam a frase. Quinze dessas mulheres participavam desde os primeiros dias do ministério, e outras quinze já tinham ido para o céu.

Na conclusão do estudo bíblico, as mulheres cobriram a cabeça com lindos sáris e juntaram as mãos em um gesto de adoração. Uma mulher mais velha começou a orar. Durante dez minutos, elas proclamaram adoração e louvor a Deus, exaltando seu nome e caráter.

Qual é o segredo dessa perseverança? Essas mulheres levam Jesus ao pé da letra. Elas florescem espiritualmente em uma dieta básica de verdades fundamentais e de comunhão constante: "A quem tenho nos céus senão a ti? E na terra, nada mais desejo além de estar junto a ti" (Salmos 73.25). Como eu seria se vivesse nesse ambiente de confiança no caráter e na bondade de Deus? É a igreja de Jesus Cristo, adaptando-se à perseguição, adorando secretamente no telhado de uma casa, em uma segunda-feira, ao pôr-do-sol.

O premiado escritor Philip Yancey declarou: "Em minhas viagens ao exterior, notei uma grande diferença nas expressões usadas nas orações. Os cristãos em países afluentes, quando enfrentam dificuldades, costumam orar: 'Senhor, livra-nos desta provação!'. Ouvi, porém, cristãos perseguidos e alguns que vivem em países pobres orarem: 'Senhor, dá-nos força para suportar esta provação'".

Todos nós sofremos grandes decepções e tragédias, mas onde está Deus e como ele é? Essa é uma questão universal.

> *Há duas coisas que não podemos fazer sozinhos: uma é casar, e a outra é ser cristão.*
>
> — Paul Tournier

Depoimentos sobre a igreja

Minha igreja tem sido importante em minha vida desde que me tornei cristã aos 41 anos. Como parte de uma igreja que vive em família, sempre recebi mais do que dei. Depois de quinze anos, mudei para outro estado e estava procurando uma igreja em minha nova cidade, quando recebi um telefonema com a notícia que todo pai teme. Minha filha, adulta, falecera. Precisava ir ao seu encontro e do restante de minha família, mas não estava em condições de fazer a longa e difícil viagem pelo terreno montanhoso. Nesse momento, o fato de estar ligada a uma igreja foi importante. Mal conseguindo pensar, orei a Deus para que me fizesse pensar em alguém a quem pudesse pedir ajuda. Então, lembrei de um adorável casal de idade de uma igreja que visitara. Liguei para eles e descobri que eram as pessoas certas para me levar ao distante hospital em que minha filha estava. Eu chegara a essa igreja relativamente há pouco tempo, mas essa igreja, que agora é a minha igreja, recebeu-me com amor e carinho. Ela exemplificou o corpo de Cristo me estendendo a mão e oferecendo seu amor.

Cresci em uma família grande e caótica. No ano em que terminei o ensino médio, meus pais alcoólatras se divorciaram, e descobri que estava grávida. Depois de ter quatro filhos, estava divorciada, solitária e me sentia um fracasso. Desesperada por uma base sólida em minha vida, fui à igreja. Aquele corpo de cristãos recebeu calorosamente meus filhos e eu, sem fazer julgamentos. Vinte anos mais tarde, continuo membro da mesma congregação na qual desempenho um ministério vibrante para outros que sofrem por causa de um casamento difícil. A aceitação da igreja mudou minha vida.

Em uma carta ao editor do jornal, um freqüentador da igreja reclamou que não fazia sentido ir à igreja: "Há trinta anos que vou à igreja. Nesse período, assisti a três mil sermões, mas não consigo, de forma alguma, lembrar-me de nenhum deles. Estou perdendo meu tempo com esses sermões, e os pastores, o deles". Isso despertou uma controvérsia na coluna "Cartas ao editor" até que alguém escreveu este argumento: "Sou casado há trinta anos. Nesse tempo, minha esposa preparou 32 mil refeições, mas não consigo, de forma alguma, lembrar-me do cardápio de nenhuma delas. No entanto, de uma coisa eu sei: elas nutriram-me e deram-me a força de que precisava para trabalhar. Se minha esposa não tivesse preparado aquelas refeições, hoje, estaria morto".

Como nova convertida ao cristianismo, comecei a freqüentar uma igreja. Uma jovem mãe costumava orar em voz alta durante a adoração coletiva. Percebi que suas orações fervorosas e sentidas, exaltando e louvando a Deus, deixava muita gente constrangida na igreja, mas ansiava para conhecer o Deus que ela conhecia e orar como ela orava. Suas orações despertaram em mim paixão por conhecer a Palavra de Deus e por estudar seus atributos.

Nosso pastor encorajou minha fé a crescer rapidamente, sendo o mais aberto possível no púlpito. Todo missionário que aparecia em nosso bairro era convidado a falar à congregação. Organizações paraeclesiásticas tinham a oportunidade de falar sobre seu trabalho na comunidade, e qualquer um que tivesse um testemunho era convidado a compartilhá-lo com a igreja. Nosso pastor, muitas vezes, trazia pedidos de oração de igrejas vizinhas à nossa congregação e, ocasionalmente, trocava de púlpito com outros pastores locais nas manhãs de domingo, beneficiando as duas congregações.

Duas vezes ao ano, nossa igreja se reunia com todas as outras igrejas da comunidade para formar um grande bloco no desfile da cidade. Em cima de um caminhão-plataforma decorado, uma equipe cantava alegres hinos de louvor enquanto a congregação marchava atrás, cantando e carregando bandeiras representando as igrejas do bairro e as organizações paraeclesiásticas. O dinheiro do prêmio para o vencedor do desfile era dividido para apoiar os ministérios paraeclesiásticos da comunidade.

Como não tinha ciúme de seu púlpito, nosso pastor expunha a congregação a diversos santos contemporâneos e ampliava minha visão da família cristã para muito além das quatro paredes da nossa igreja.

Cresci em uma família religiosa, mas não cristã. Depois de me casar, comecei a ir continuamente à igreja de meu marido. Embora nunca tivesse visto o altar ser ocupado na minha igreja de infância, as pessoas, em minha nova igreja, usavam-no com freqüência. Ao falarem sobre um relacionamento pessoal com Jesus Cristo, vi algo diferente nessas pessoas. Participei de uma aula dominical para casais jovens na qual a professora se preocupava com cada uma das jovens. Como era mais velha e casada, ela realmente se preocupava com nossos casamentos e compartilhava o entusiasmo de seu próprio matrimônio. Seu exemplo e ensinamento são a base do meu relacionamento de vinte e cinco anos.

Ocasionalmente, sou convidada a falar nas igrejas. Quando me preparava para um fim de semana em uma igreja na qual nunca fora e com pessoas que não conhecia, recebi um bilhete pelo correio que dizia: "Oro para que o Senhor a guie nas palavras que compartilhará conosco. Anseio por conhecê-la". Foi animador saber que alguém que nunca vira na vida estava orando por mim.

Para permitir que jovens mães, exaustas por cuidarem de filhos pequenos a semana inteira, ficassem descansadas e fossem restauradas, tanto espiritual como fisicamente, nossa igreja contratou uma vovó experiente para cuidar do berçário. Os bebês e as crianças pequenas rapidamente se acostumaram com ela, pois o mesmo rosto sorridente as recebia para cuidar delas toda semana. Como essa adorável mulher freqüentava a igreja Adventista do Sétimo Dia aos sábados, essa trabalho não interferia em seu tempo de adoração. Homens cristãos maduros, nossos deões e diáconos, cuidavam dos jovens, ministrando para crianças e adolescentes. A igreja valorizava as crianças e cuidava para que recebessem as melhores influências.

O afastamento de meu filho da fé coincidiu com minha luta contra um câncer fatal. Minha vida passava por uma crise física e espiritual. Para enfrentar essas duas dificuldades, amparei-me nos escritos de Amy Carmichael. Ela é uma fonte à qual ainda recorro, muito embora tenha morrido há mais de meio século. Como missionária na Índia, Amy Carmichael cuidou de milhares de crianças que, por décadas, foram abandonadas e maltratadas. Solteira, mas desempenhando as funções de mãe muito além do que posso imaginar, oferecia o amor do Pai àqueles que a decepcionavam e implorava por estes diante do Senhor. Sua capacidade de colocar em palavras o grito sufocado da alma sofredora proporcionava-lhe grande conforto. Ela deixou suas pegadas para que eu a seguisse, assim como Paulo, que disse: "Ponham em prática tudo o que vocês aprenderam, receberam, ouviram e viram em mim"

(Filipenses 4.9). Os exemplos de cristãos que vieram antes de mim servem como inspiração para minha jornada espiritual.

As igrejas em minha cidade se reuniram para renovar uma casa e convertê-la em um ministério bíblico para mães que tinham dependência química. Esse apoio conjunto forneceu uma oportunidade a muitas mulheres para abandonar o vício e aceitar Jesus Cristo como seu Senhor e Salvador. O projeto do ministério era uma possibilidade para cristãos de diversas denominações ministrarem juntos à nossa comunidade.

Quando meu marido abandonou nossa família, a igreja subsidiou os custos com instrução e acampamentos cristãos para meus filhos, forneceu-nos aconselhamento e, ocasionalmente, enviou-nos uma equipe para fazer pequenos reparos na casa. A igreja, ansiosamente, assumiu o papel de família estendida, e meus filhos e eu aprendemos a correr para Jesus diante dos desafios da vida.

A liderança de nossa igreja costumava compartilhar a visão e o propósito do ministério com a congregação. Saber qual era nosso destino e ter uma visão geral ajudou-nos a nos dedicar ao crescimento espiritual e à nossa comunidade. A igreja, unida por um objetivo comum maior que nós mesmos, raramente se desviava com questões menores.

Ingênua e solteira, comecei a freqüentar a igreja. Quando anunciei que estava grávida, as mulheres mais velhas da congregação se alegraram. Elas se reuniram para me dar comida, roupas e móveis. Deram-me dinheiro de forma muito oportuna e sutil. Elas abraçaram meu bebê e a mim na segurança de que fazíamos parte dessa família. Quando meu filho nasceu, passou de braço em braço, todos estendidos para ele. Passados anos, meu filho e eu ainda vamos regularmente à mesma igreja e ganhamos o abraço dessas amorosas mulheres toda semana. Elas nos amam, e nós as amamos. Somos uma família.

Em reconhecimento à crescente tendência de avós que criam os netos, nossa igreja criou um ministério para encorajar os avós que se tornam pais novamente. Ela fornece atividades para as crianças e oportunidades para os avós descansarem. Além de fornecer serviços de aconselhamento, a igreja proporciona a cada criança um mentor na área profissional que ela deseja seguir. Quando necessário, a igreja paga os estudos na faculdade.

Nossa igreja considerava-se um campeonato amistoso para o grande jogo da vida que começava toda segunda-feira. A música e o sermão eram criados para nos inspirar, preparar e enviar ao mundo a fim de espalhar o evangelho até nosso encontro na semana seguinte.

Uma colega de escola convidou-me para ir à igreja quando tinha 7 anos. Depois de casada, fui convidada a participar de um grupo de estudo bíblico no qual aceitei Jesus Cristo como Salvador. Meus filhos freqüentaram a igreja comigo até completar 18 anos e decidir sozinhos se continuariam ou não.

Meu filho de 19 anos, que ainda morava em casa, envolveu-se com drogas e foi preso. Foi uma apunhalada no coração, e tudo que eu queria era me esconder. Não queria ir à igreja, pois todos sabiam o que tinha acontecido pelas notícias no jornal, mas o Espírito Santo motivou-me incessantemente a ir, muito embora não quisesse.

Mesmo depois que mudamos para minha cidade natal, onde poucos sabiam da situação do meu filho, em muitas manhãs de domingo, tive vontade de dar meia volta e voltar para casa. Quando meu filho foi preso pela segunda vez, contratei um capelão penitenciário que orou comigo e me convidou para um retiro do ministério prisional.

Há quase vinte anos, faço parte de um ministério prisional para mulheres. O Senhor resgatou-me da dor mais profunda de minha vida, lembrando-me de me congregar com outros de minha igreja.

Minha família tinha o hábito de ler histórias sobre missionários em voz alta. Esses heróis da fé foram grandes exemplos para mim. Suas aventuras e seus incríveis sacrifícios inspiraram-me e infundiram-me o desejo de pertencer a esse grupo. Os escritos dos pilares da fé nutriram meu crescimento espiritual e expandiram a igreja para além da construção que abrigava o banco que eu ocupava.

Nossa igreja tinha dois pastores assistentes. Em vez de pedir aos membros da congregação para apoiarem os programas da igreja, esses homens acreditavam que Deus chamara e equipara todas as pessoas da congregação para ministrar. Eles encorajavam todos a buscar a orientação de Deus e usavam seu cargo e influência para nos apoiar. Por conseguinte, nossa igreja ministrava ativamente em prisões, cozinhas comunitárias, clinicas pré-natais, programas de reabilitação para dependentes químicos, estudos bíblicos, estabelecimentos municipais, escolas e hospitais da cidade. O corpo da igreja era o sal e a luz em nossa comunidade.

Quando era adolescente, um acidente deixou-me paralisada no hospital. Estava desesperada a ponto de me suicidar, mas não era capaz nem mesmo disso. Uma amiga do grupo de jovens da minha igreja foi visitar-me. Ela conseguiu me ver por trás de minha terrível aparência. Assim, sentou-se à beira da cama, segurou minha mão e cantou para mim: "Homem de tristeza e dor foi Jesus, o sofredor, Por amor ao pecador! Aleluia! Aleluia!". Seu carinho e seu gesto me levaram para perto de Jesus e me lembraram de que ele realmente conhece o meu sofrimento. Anos mais tarde, minha amiga perdeu um filho. Liguei para ela e cantei os mesmos versos, no momento de grande desespero em sua vida.

> *A igreja é uma consumação, a realização daquilo que Deus tinha em mente desde o princípio.*
>
> — Philip Yancey

CAPÍTULO

3

A igreja desencorajada e desencorajadora

Ponha a sua esperança no SENHOR, *ó Israel, desde agora e para sempre!*

— SALMOS 131.3

A Bíblia diz-nos para fazermos discípulos, e não convertidos à nossa opinião. O individualismo exacerbado é comumente atribuído à cultura americana. Os americanos são um povo bastante jovem que encontrou seu lugar no outro lado do oceano. Costuma-se dizer que os primeiros colonos se mudavam assim que avistavam a luz da janela do vizinho; pois sentiam como se a civilização estivesse se aproximando. O povo americano valoriza a idéia de enfrentar o mundo sozinho, mantendo a distância dos outros.

Essa filosofia, que transformou os Estados Unidos no que eles são hoje, não cria comunidades saudáveis de fé cristã. Suponho que seja possível viver como o Patrulheiro Solitário, mas Deus criou-nos para vivermos em comunidade, com necessidades sociais. A carta aos Romanos 12.5 lembra-nos de que fazemos parte da Igreja na terra e, como tal, "em Cristo nós, que somos muitos, formamos um corpo, e cada membro está ligado a todos os outros".

Um relacionamento com Jesus Cristo exige interdependência, e não independência. Ouvir a voz de Deus é uma característica de uma comunidade de cristãos, e esta, desse modo, é refinada, corrigida e fortalecida. Fico espantada quando amigos da igreja tomam algumas decisões importantes sozinhos, como mudar de cidade, trocar de emprego ou casar! As pessoas sentem-se orgulhosas por não consultar diáconos, pastores ou outras pessoas santas que poderiam procurar na igreja. Individualismo exacerbado, sim; cristianismo verdadeiro, não. É difícil abandonar um hábito.

Em *Hearing God's Voice* [Ouvindo a voz de Deus], Henry e Richard Blackaby escreveram: "Ouvir a voz de Deus é um processo comunitário, e não a busca por um santo graal pessoal. Deus criou as pessoas para ser interdependentes e viver em comunidade. Quando os cristãos assumem o compromisso com outros cristãos, Deus fala por meio da igreja para beneficiar cada um dos membros. Apartados da igreja, os cristãos não podem conhecer tudo que Deus tem a lhes dizer".

Sobrecarregada de problemas, grandes e pequenos, vou à igreja e fico maravilhada quando saio com a nítida impressão de que Deus falou comigo. Sinto-me abençoada e aliviada. Recupero o prumo. Como isso acontece? O sermão é somente para mim, atendendo a todas as minhas necessidades? Nem sempre. Há uma conjunção de fatores: a obediência, por eu estar ali, conversas estratégicas com irmãos e irmãs e as Escrituras apresentadas no púlpito. Na igreja-família que freqüento, conheço muitas histórias de fé de membros da congregação. Ao ver essas pessoas, lembro-me da fidelidade de Deus. Às vezes, a vida é difícil, e as respostas demoram a aparecer. No entanto, os desígnios de Deus são insondáveis.

O outro lado da moeda, menos agradável, de passar um longo tempo nessa família de uma só fé é que me lembro de que "o caminho do infiel é áspero" (Provérbios 13.15) e "o que o homem semear, isso também colherá" (Gálatas 6.7). As duas advertências bíblicas são dirigidas aos filhos de Deus. Às vezes, minha alegre e pulsante igreja-família faz más escolhas e arca com a conseqüência do difícil retorno às boas escolhas. É bom para mim e para meus filhos poder passar pelo processo de cura e fazer parte dele.

> *Somos atraídos para a igreja como mariposas pelo fogo. Às vezes, nos queimamos.*
>
> — Phil Callaway

Depoimentos sobre a igreja

Quando percebi que não ganharia nada freqüentando a igreja, fiquei tentada a parar de ir. Com a leitura diária das Escrituras, entretanto, fiquei impressionada com o exemplo de Jesus Cristo. O que Jesus poderia ganhar indo à sinagoga que já não experimentara na presença de Deus no céu e em sua própria vida devocional? A resposta, obviamente, é: nada. Jesus freqüentava para dar; não para receber. Seguindo o exemplo de Jesus, sei que o certo é ir à igreja.

Sincero a respeito da minha fé cristã na época em que ocupava um cargo público, era como se minha família e eu estivéssemos sob a lente de um microscópio, sendo vigiados tanto pela esquerda liberal quanto pela direita religiosa. Tudo que fazíamos ou dizíamos era esmiuçado. Depois que me aposentei, meus filhos tiveram dificuldade para se envolver na igreja, porque sentiram que nossa família fora maltratada pelos cristãos conservadores. Os cristãos, às vezes, ficam tão ocupados protegendo a reputação da igreja que revelam preconceito e exclusão, em vez de graça e perdão.

Muitas vezes, durante o culto de domingo, fico irritada, aborrecida, querendo cuidar de meus afazeres. Nesses momentos, contenho esses pensamentos, lembrando-me de Atos 20.7: "No primeiro dia da semana reunimo-nos para partir o pão, e Paulo falou ao povo. Pretendendo partir no dia seguinte, continuou falando até a meia-noite". Nossa! Sou grata pelos ensinamentos semanais de meu pastor e por suas mensagens caberem no período da manhã. Então, volto a me concentrar no culto, tentando descobrir o que Deus gostaria que eu aprendesse a seu respeito.

Após nos mudarmos para uma nova cidade, minha família e eu nos estabelecemos em uma igreja. Imediatamente, várias senhoras me cercaram com "oportunidades para ministrar". Como tenho vários filhos pequenos, não pude aceitar as tarefas que elas me sugeriram, nem me adequava àqueles ministérios. Depois de orar sobre suas solicitações, recusei os cargos. As senhoras da igreja pararam de falar comigo. Posteriormente, quando me ofereci para servir em outras áreas, minha oferta foi ignorada. Era difícil desfrutar as manhãs de domingo, sentindo-me rejeitada.

Exilado na ilha de Patmos, João escreveu: "No dia do Senhor achei-me no Espírito e ouvi por trás de mim uma voz forte, como de trombeta" (Apocalipse 1.10). João considerava importante manter o dia do Senhor, muito embora estivesse na prisão.

E, nessa situação, Jesus o encontrou, e João o viu como nunca o vira antes.

Jill Briscoe disse: "Talvez seja difícil estar 'em Espírito' no dia do Senhor. Talvez você se sinta numa ilha, isolado pelas circunstâncias, separado, contra a vontade, daqueles que ama. Se mantiver o contato com o Deus que permitiu essas circunstâncias, verá Jesus como nunca o vira antes. Portanto, não desperdice essa oportunidade.

O sofrimento nos ajuda a ver Deus como nunca o vimos antes, da mesma forma que aconteceu com João. Ele nos ajuda a ver os aspectos do caráter de Jesus de uma forma inteiramente nova, assim como ocorreu com João. Podemos permitir que o sofrimento nos leve para mais perto de Deus e saber que ele está esperando".

Algumas igrejas são fortes no estudo bíblico e em profundos pensadores. Elas são fracas na aplicação das Escrituras na vida cotidiana. Isso serve para uma igreja fraca que não está crescendo em espírito, mas apenas em conhecimento. Em 1Coríntios 8.1, está escrito: "O conhecimento traz orgulho, mas o amor edifica". Uma citação atribuída a H. A. Ironside, conhecido professor de estudos bíblicos das décadas de 1930 e 1940, diz: "Sabem demarcar corretamente a Palavra da Verdade, mas demarcam equivocadamente suas próprias vidas".

Daniel, no Antigo Testamento, serve de exemplo quando me sinto desencorajada. Acho que ele é a única pessoa na Bíblia que não comete grandes erros. Apesar de enfrentar todo tipo de decepções e desafios, continua orando como costumava a fazer.

Ele procurava ser fiel ao seu Deus. Como Daniel, queria ser fiel em meu compromisso com o Senhor e com a igreja.

Em vez de cada membro freqüentar os cursos específicos para cada faixa etária, nossa família preferia ficar unida durante o culto de domingo. Outros membros da igreja faziam observações maldosas, do tipo: "Que parte do programa da escola bíblica que não lhe agrada?", "Se você acha que é capaz de criar um programa melhor, por que não o faz?". O programa da escola bíblica era ótimo, mas simplesmente queríamos passar uma hora por semana juntos, estudando com o mesmo professor. Por sermos diferentes, as pessoas nos condenavam.

Os pequenos grupos eram os eventos sociais em nossa igreja. Com vários filhos pequenos, um marido que viajava muito e uma agenda lotada, era impraticável freqüentar um pequeno grupo e os cultos de domingo. Infelizmente, por não pertencer a um desses grupos, não recebi nenhum apoio em momentos difíceis nem houve qualquer chá de bebê para comemorar as alegrias em nossa família.

Por ser uma "pessoa de idéias" zelosa e nata, fiquei desanimada ao ver que ninguém na igreja aceitava minhas sugestões. Sentindo-me desprezada, frustrada e mal compreendida, comecei a me distanciar do corpo da igreja. Nesse período, li sobre uma experiência semelhante de Pedro no Novo Testamento. Pedro era um homem de ação e de grandes planos, mas Jesus o repreendeu por levantar a espada para defender seu querido amigo. Como eu,

Pedro sentiu-se desprezado, provavelmente, mal compreendido. Mencionando essa reação emocional, as Escrituras registram que Pedro seguiu Jesus "à distância". Essa distância levou-o a negar Jesus e, depois, a sentir profundo arrependimento. Aprendi, com Pedro, que me distanciar da comunidade da igreja e do meu relacionamento com Cristo é uma escolha que certamente me levará ao arrependimento.

Depois de um divórcio humilhante, foi muito doloroso voltar à igreja-família. As pessoas não entendiam a drástica mudança em meu estado civil.

Depois de uma noitada, como muitas outras, em que, normalmente, só saía do bar quando este fechava, liguei para uma amiga que mora em outro estado só para conversar. Ela me levou para perto do Senhor por telefone. No dia seguinte, procurei uma igreja e sentei-me na primeira fila.

Quatro semanas depois, meu carro quebrou e não pude ir à igreja. Embora ninguém da minha igreja tenha me procurado, um colega do bar passou em casa para ver o que estava acontecendo comigo. Depois, uma mulher do bar me trouxe comida, imaginando que talvez eu estivesse doente, já que não aparecia para beber havia várias semanas. Ela disse que meus amigos do bar estavam dispostos a comprar minhas cervejas se estivesse sem dinheiro. Eu lhe disse que, apesar de ninguém da igreja ter me visitado, sentando-se ao meu lado para conversar e passar um tempo comigo, agora, já não ia mais ao bar porque tinha me convertido ao cristianismo.

Havia oito igrejas em um raio de pouco mais de um quilômetro da casa de minha mãe, mas ninguém nunca apareceu para visitá-la ou ajudá-la. Aos 40 anos, ela se suicidou. Encorajo os cristãos de todas as partes a convidarem um "traste" para uma refeição em sua casa. Esse traste pode ser alguém como eu.

Como tenho um bebê muito ativo, ir à igreja tornou-se uma tarefa quase impossível. Era extenuante arrumar-nos para ir à igreja no domingo de manhã. Não fazia sentido nos vestirmos bem apenas para passar a manhã inteira no berçário, cuidando de uma criança mal-humorada e com sono. Vários hábitos me ajudaram a perseverar nessa fase da vida. Primeiro, na noite anterior à igreja, dava banho no bebê, preparava a sacola de fraldas e separava nossa roupa para o dia seguinte. Depois, colocava o despertador mais cedo a fim de ter tempo suficiente para nos aprontar. Também preparava uma sacola com petiscos e brinquedos silenciosos. Além disso, meu marido e eu concordamos em nos revezar para cuidar do bebê durante o culto de modo que os dois pudessem realmente ouvir o sermão. Por fim, aprendi a cantar, orar e ouvir ao sermão no fundo da igreja, onde costumava ficar embalando um bebê birrento.

Nossa igreja era deficiente no treinamento de homens para que entregassem sua vida ao serviço às famílias e à igreja. Por outro lado, a igreja foi rápida para designar mulheres para servir no berçário, ensinar na escola bíblica, liderar a igreja para crianças, a escola bíblica de férias e os programas para jovens, levar adiante os projetos de missões, liderar o coral, tocar o piano, produzir o boletim da igreja, enviar cartões comemorativos, trazer as refeições para os cooperadores e cuidar da limpeza do prédio. Os homens nunca pediam para fazer nada, exceto aprovar ou desaprovar quaisquer decisões que as mulheres tomassem. Enquanto as mulheres acalentavam os bebês que choravam, cuidavam das crianças pequenas e agitadas, davam aulas para as crianças e adolescentes, os homens desfrutavam de um período de silêncio para ouvir o sermão, seguido de uma refeição, servida pelas esposas. Após passar a semana toda cuidando de meus filhos, da casa e das necessidades da família estendida, o domingo representava mais um dia de trabalho exaustivo.

Os hipócritas enchiam a igreja nos tempos de Jesus, assim como hoje, mas esse fato não o afastou de lá, da mesma forma que não deve nos afastar.

Os cristãos agem como não-cristãos quando não se dispõem a se dedicar totalmente à igreja. De certa forma, as pessoas tratam a lealdade ao casamento e à igreja da mesma maneira: elas querem ter certeza de encontrar uma saída conveniente, caso alguma coisa ou alguém mais interessante apareça em seu caminho.

Fico desencorajada quando comparo minhas pequenas habilidades com os grandes talentos de outros na igreja. Então, as Escrituras me lembram de que Abraão e Jacó mentiram, Moisés hesitou e teve explosões de raiva, Davi teve um caso extraconjugal, Jeremias ficou deprimido, a esposa de Oséias foi infiel, Noemi ficou viúva, Jonas fugiu de Deus, Paulo foi assassino e Timóteo provavelmente tinha úlcera. Deus usou até o jumento de Balaão. Se o Senhor usou todos eles, também pode me usar. Patsy Clairmont resumiu bem essa idéia ao dizer: "Deus usa vasos partidos, e eu sou o exemplo vivo disso".

Luis Palau e sua equipe de evangelismo foram à Escócia anos atrás promover encontros de evangelismo em várias cidades pequenas. Certa noite, desencorajados com a falta de resposta a um chamado até o altar, os homens da equipe começaram a voltar a Aberdeen. O ambiente sombrio, frio e sisudo combinava com seus sentimentos. Pelo avançado da hora, a única opção para comer era um bar na estrada. Eles estacionaram e lentamente entraram no recinto abafado e barulhento. "Ei, vocês parecem americanos", alguém disse e lhes trouxe uma rodada de refrigerantes. Enquanto comiam, os membros da equipe tiveram a oportunidade de conversar sobre questões espirituais com quem se mostrara interessado. Ao partir, eles não puderam deixar de fazer a inevitável comparação entre a atitude das pessoas nos dois ambientes.

Certa vez, um rei babilônio proclamou um decreto à humanidade a fim de que construísse o templo de Deus ou providenciasse para que outro o fizesse. Seu nome era Ciro, e o decreto está no primeiro capítulo do livro de Esdras. Seu superior fez um decreto semelhante 500 anos depois: "Vão pelo mundo todo, edifiquem a minha igreja, dêem aos pobres". Este mês, levarei meu filho e um casal para ajudar e servir uma dúzia de igrejas nas nações mais pobres da Ásia. Há igrejas sem nenhum instrumento musical e pastores sem bíblias de estudo. Em minha última visita às Filipinas, uma igreja foi construída e diversos pastores receberam ferramentas de estudo.

Meu relacionamento com a igreja ensinou-me duas coisas. Primeiro, a natureza humana não é nada agradável. Segundo, às vezes, as pessoas assumem a liderança na igreja, embora não tenham um relacionamento ativo e vivificante com Jesus

Cristo. Esses líderes podem ter habilidades de liderança e o desejo de comandar, mas, espiritualmente, possuem apenas um entendimento intelectual da fé cristã. Essa liderança ocorre em um vazio, semelhante à história dos israelitas, no Antigo Testamento, que exigiram um rei para governá-los. Saul tornou-se o primeiro rei de Israel, mas seu relacionamento com Deus era intelectual; não do fundo do coração.

Quando tinha 12 anos, Jesus disse aos pais que o procuravam: "'Por que vocês estavam me procurando? Não sabiam que eu devia estar na casa de meu Pai?'" (Lucas 2.49;). Anos depois, ele ensinava nas sinagogas (v. Lucas 4.14,15). Quando voltou à sua cidade natal, Nazaré, "no dia de sábado entrou na sinagoga, como era seu costume" (Lucas 4.16).

> *Nunca encontraremos uma igreja perfeita e, se isso acontecer, devemos ter o cuidado de não ingressar nela, a fim de não estragá-la! Devemos fazer que nossa presença seja notada em nossa igreja!*
> *A comunhão é um elemento importante da vida espiritual, pois mantém acesa a chama da fé. Se um pedaço de carvão for tirado da fogueira, logo ele se apagará. Os cristãos precisam participar ativamente de uma igreja. Deus se apraz quando nos dedicamos individual e coletivamente às questões divinas.*
>
> — Jill Briscoe

CAPÍTULO

4

A igreja, minha família

Neste mundo, as ovelhas estão muitas vezes desgarradas, mas em todo verdadeiro membro da Igreja há o instinto que anseia por retornar ao lar, para junto do aprisco e de um pastor.

— BOLETIM DE UMA IGREJA

A igreja é um dos poucos lugares dos quais, quando saímos, estamos melhores do que quando entramos.

— VICTOR PARACHIN

Por que nos sentimos atraídos por uma igreja em particular? Os americanos dizem que é por causa de sua teologia, sua administração ou seus programas, mas, de certa maneira, gostamos de uma determinada igreja simplesmente por causa do temperamento que Deus nos deu, nossa maneira de lidar com as pessoas e as idéias.

Muitos de nós escolhem uma igreja com base na personalidade da congregação e da liderança. Reunimo-nos onde se fazem as coisas de acordo com nosso modo de pensar. Como aprendi no treinamento missionário, as diferenças não são erradas, mas apenas diferentes. É mais uma questão de gosto.

Os cristãos possuem fortes argumentos teológicos para explicar por que uma denominação é mais correta que outra, mas o verdadeiro corpo de Cristo existe com várias características diferentes. A existência de diversas denominações não é motivo de vergonha. É uma grande demonstração da criatividade de Deus. Não temos de nos deter aos detalhes exatamente da mesma maneira, contanto que Deus esteja no centro de nossa adoração.

As igrejas diferem na forma de serem administradas, nos estilos de adoração, nos serviços de liderança, na forma de aceitarem ou não uma oferta, na prática do batismo e da comunhão e até na terminologia usada. Nenhuma dessas características é "vital", mas podemos levar muito tempo para nos adaptar a qualquer prática ou tradução da Bíblia que seja diferente daquela que estamos acostumados a usar.

Meu marido e eu freqüentamos uma igreja que tem sido nosso lar há quase sessenta anos. Comecei quando era ainda criança! Observei as gerações anteriores, as contemporâneas e as posteriores viverem nessa família local chamada Cedar Mill Bible Church. No domingo, cumprimento velhos amigos, seus filhos, seus netos, e conheço novos membros. Vou para adorar a Deus, encorajar seus filhos e ser desafiada pela pregação de sua Palavra. Juntos, observamos a comunhão.

União e comunhão

Uma característica distinta da minha igreja é que recebemos a comunhão semanalmente, e isso nunca foi incômodo. Quando chego, carregando comigo as vitórias e os fracassos da semana, estou ávida por silêncio. Ao celebrar a ceia do Senhor, tento me livrar daquilo que causou essa inquietude. Penso em Jesus na cruz, intervindo pelo meu pecado, e, de repente, tudo se resolve e faz sentido.

Não há nenhum problema na experiência cristã que não seja tratado durante a comunhão. A ceia do Senhor é uma lembrança de que Jesus Cristo morreu em meu lugar, assumiu meus pecados, ressuscitou dos mortos e concedeu-me o perdão. É uma oportunidade de abandonar os fracassos, pela confissão, ao pé da cruz antes que o fardo e a culpa invadam e permeiem outros aspectos de minha vida e de meus relacionamentos. A comunhão ajuda a impedir que tenhamos muitas contas a prestar sobre nossa vida particular e secreta.

A comunhão é uma lembrança clara do que Jesus fez por nós. Diferentes uns dos outros, levamos a bagagem de nosso ser caído, lembranças do que se foi ou lamentos de como poderia ter sido. Ao nos reunirmos à mesa do Senhor, Jesus diz: "'façam isto em memória de mim'" (Lucas 22.19). Desviamos os olhos de nossos interesses e de nossas preocupações para nos regozijar, por causa de Cristo, por fazermos parte de uma família redimida, apesar de imperfeita. Toda semana, podemos avaliar confessar nosso pecado, receber o perdão, renovar as perspectivas corretas e recomeçar. Temos muito a perder se desprezarmos a nossa assembléia, especialmente para celebrar a ceia do Senhor. Esta é saúde para nossa alma.

A ceia do Senhor é um lembrete de que, ao pé da cruz, estamos no mesmo plano. Sempre que recebo o pão e tomo o cálice, olho para a congregação. Comemos juntos. Todos nós pertencemos a ela. Somos semelhantes, pois temos o mesmo Senhor e a mesma crença em Jesus Cristo como Salvador. É uma grande diferença de outras instituições em que as pessoas lutam por liderança, respeito ou cargos. (Isso pode acontecer na igreja, embora Deus proíba essa atitude.) Na igreja: "Não há judeu nem grego, escravo nem livre, homem nem mulher; pois todos são um em Cristo Jesus" (Gálatas 3.28).

Em meu ministério, dedico meu tempo às mulheres que tiveram sérios problemas no passado, por injustiças que cometeram ou sofreram. Elas esforçam-se desesperadamente para servir o Deus que as recebe da mesma forma que todas as outras pessoas, embora se sintam inferiores aos demais da família da igreja.

Por causa de más decisões, uma mulher com uma criança pequena acabou se divorciando. Atormentada pelo passado, sentia-se inferior na igreja e, portanto, inútil para Deus. Um dia, o Espírito Santo penetrou nas lembranças do passado dessa mulher. Finalmente, ela entendeu que estava perdoada, era aceita e amada, assim como nós também. Hebreus 10.17 diz: "'Dos seus pecados e iniqüidades não me lembrarei mais'". Quando entendeu que a graça de Deus é um dom, ela mudou. Suas decisões mudaram, sua aparência mudou, e ela passou a olhar para os outros nos olhos e tornou-se uma firme e grande amiga.

A igreja é um exemplo do amor de Deus por seus filhos. Não importa se o nome que você dá é comunhão, eucaristia ou o partir do pão. A celebração coletiva da ceia do Senhor nos lembra de que somos todos um só corpo, semelhantes, igualmente dotados e amados, e temos o mesmo acesso a Deus.

> *Queria saber tudo sobre Bill, por isso fiquei feliz quando sua mãe me perguntou se queria ver o álbum da família. Para conhecermos Deus e a vida de Cristo, precisamos estudar a Bíblia. Devemos ler a Palavra de Deus para sabermos se um ministério é válido.*
>
> — Gloria Gaither

Depoimentos sobre a igreja

Como pastor, peço às pessoas que estão pensando em freqüentar esta igreja para que a visite, pelo menos, três vezes. Não gostaria que ninguém julgasse a igreja com base em um domingo "irregular", da mesma forma que não gostaria que a julgasse com base num ótimo domingo. Ore sobre a igreja-família de que o Senhor gostaria que você fizesse parte e visite as possíveis congregações pelo menos três vezes antes de riscá-las de sua lista.

Meus filhos participavam do estudo bíblico de uma igreja que enviava um furgão para buscá-los. Quando minha vida e meu casamento desmoronaram, entrei no furgão com eles. Essa igreja tornou-se minha família.

A força da nossa igreja está em seguir a prática dos bereanos bíblicos. Os membros são encorajados a comparar tudo que ouvem no púlpito com o que diz a Bíblia. A liderança procura nutrir as pessoas com a Palavra de Deus de acordo com 1Coríntios 4.6, que diz: "'Não ultrapassem o que está escrito'".

Uma economia irregular levou as escolas públicas em nosso bairro a cortar serviços necessários de reparos, conservação de terreno e tarefas de zeladoria. Quatro jardineiros foram designados para cuidar de 98 escolas. Várias igrejas adotaram as escolas próximas, cortando a grama, capinando canteiros, pintando e realizando diversos reparos. Em um único sábado, os membros da igreja que vieram trabalhar renovaram o pátio e jardim, surrados e maltratados, da escola. A igreja aliviou o fardo dos administradores sobrecarregados e serviu de segmento para cuidar da comunidade.

Cresci em uma família caracterizada pela competição, condenação, rivalidade e crítica. Quando comecei a freqüentar uma igreja caracterizada pela graça, senti que, finalmente, encontrara minha casa.

Toda semana, depois do culto de domingo, nossa igreja faz um almoço. Os aniversários da semana são comemorados com uma versão extraordinária de Parabéns para você. Aniversários de casamento, formaturas e outras notícias importantes são anunciados nesse almoço. É um momento de reunir, congregar e estabelecer uma rede de contatos dentro do corpo da igreja. Todos participam, levando um prato para a mesa, servindo-se e revezando-se na arrumação e na limpeza. Esse momento se tornou especial, porque une nosso coração e desperta em cada um o sentimento de participação.

"Se não partir, você se partirá", nosso pastor costuma dizer. A cada trimestre, ele sai para descansar com a esposa. Quando experimenta uma grande mudança na vida, como, por exemplo, o casamento, a gravidez, o nascimento de uma criança ou a morte de um ente querido, o membro da igreja recebe o telefonema de um diácono, oferecendo uma pausa no desempenho de suas responsabilidades no ministério em que atua. É uma forma atenciosa de ficarmos uns ao lado dos outros.

Meu pai era militar e, por isso, minha família se mudava muito. Encontrar uma igreja era a primeira coisa que fazíamos em cada novo local de moradia. Nossa família buscava um ambiente espiritual saudável, que consistia em seis aspectos: 1) a igreja honrava Jesus Cristo em todo ministério; 2) todos os membros da nossa família podiam participar do culto e das atividades; 3) os ensinamentos, de forma direcionada, instruíam todas as gerações a agir corretamente em todas as áreas da vida; 4) os grupos de jovens fundamentavam-se em fortes princípios de comportamento santo; 5) a liderança era unida e cooperativa; e 6) as questões relativas à fé eram bem-vindas.

Sou grata pelas diversas expressões artísticas e criativas de fé exibidas em nossa igreja. Elas incluem música, arte dramática, testemunho, culto, cerimônias, orações, arquitetura e doutrinas. Cada membro de minha grande família é tocado por uma parte diferente do culto. Meu filho que tem pendores artísticos se beneficia com a música e a arte dramática; o filho que tem inteligência auditiva aprecia o sermão; outro membro da família que gosta de fazer coisas deleita-se com os projetos de serviço e aquele que gosta da sociabilidade cresce por meio da comunhão freqüente com outros cristãos.

Saio do culto de domingo sentindo-me melhor do que antes dele. O sermão, a música, a leitura da Bíblia, a oração e a comunhão encorajam-me a fazer as mudanças necessárias em minha atitude e em meu comportamento.

Todos experimentam crises na vida, o que Efésios 6.13 chama de "dia mau". É um dia ou período em que nada dá certo. Os ataques vêm de dentro e de fora. Nesses momentos difíceis, Efésios 6.14 aconselha: "mantenham-se firmes". Eclesiastes 12.1 diz: "Lembre-se do seu Criador nos dias da sua juventude, antes que venham os dias difíceis e se aproximem os anos em que você dirá: 'Não tenho satisfação neles'". A congregação local é o nosso amparo contra e durante o "dia mau".

Minha esposa e eu fazemos parte de uma pequena comunidade que valoriza para missões. Ela compreende nossas necessidades especiais como pais de missionários além-mar.

Como minha família natural não é cristã, a família da igreja é vital para minha fé. O domingo representa pequenas reuniões familiares com a família espiritual. Reuniões de oração, estudos bíblicos, almoços comemorativos e atividades de comunhão me dão alimento para continuar e para crescer.

Nossa diversificada congregação funcionou porque nos unimos para alcançar a comunidade. A igreja patrocinou programas que ensinavam as pessoas a ler, ofereciam assistência jurídica sem honorários, aconselhamento e auxílio para mães solteiras e seus filhos. Um ministério fornecia comida e atividades sociais para idosos. Servir aos outros fez que pensássemos menos em nós mesmos. Ao procurar uma igreja, busque uma que se proponha a ajudar os outros.

De acordo com o instituto Barna Research, há dez fatores importantes que fazem que membros e visitantes continuem a freqüentar uma igreja regularmente:

1) crenças e doutrina teológica;
2) interesse mútuo entre as pessoas;

3) qualidade dos sermões;
4) amizade;
5) envolvimento no serviço a pobres e carentes;
6) qualidade dos programas e aulas para crianças;
7) estima pelo pastor;
8) afiliação denominacional da igreja;
9) qualidade das aulas da escola bíblica para adultos;
10) conveniência dos horários de culto no fim de semana.

A igreja é a esperança do mundo.

— Carl Palmer

pastor e professor da Cedar Mill Bible Church

CAPÍTULO

5

A minha igreja

Ora, vocês são o corpo de Cristo, e cada um de vocês, individualmente, é membro desse corpo. Assim, na igreja, Deus estabeleceu primeiramente apóstolos; em segundo lugar, profetas; em terceiro lugar, mestres; depois os que realizam milagres, os que têm dons de curar, os que têm dom de prestar ajuda, os que têm dons de administração e os que falam diversas línguas.

— 1Coríntios 12.27,28

As igrejas são construídas em diversas formas e tamanhos. O estilo arquitetônico de uma igreja pode até indicar sua denominação. Pense nas muitas palavras usadas para descrever o lugar de adoração: assembléia, capela, igreja, irmandade, lugar santo, casa de Deus, sinagoga, santuário, templo, oratório. Quer nos reunamos em uma cabana quer numa estrutura de vitrais, há uma diversidade criativa quando nos congregamos.

Quando era criança, disseram-me para não correr em volta da igreja. Os adultos citavam Habacuque 2.20: "'O Senhor, porém, está em seu santo templo; diante dele fique em silêncio toda a terra'". Isso quer dizer que nossos filhos inquietos deviam ficar quietos na casa de Deus. Posteriormente, a sabedoria congregacional aprimorou o pensamento: "Eu sou o templo de Deus", e deu prioridade à vida espiritual em detrimento da construção física. (No entanto, nossos filhos precisam ser lembrados de que devemos nos comportar da melhor maneira em ambientes públicos! Ao visitar a Casa Branca, tomei todo cuidado para me adaptar ao costume quanto ao modo de me vestir e de falar calma e serenamente.)

Deus não existe apenas na velha e empoeirada igreja de minha infância. Ele habita nas pessoas, que se reúnem para adorar em um lugar conveniente. As edificações são diferentes, mas não inúteis. As pessoas são seres físicos que ocupam espaço e tempo, e precisam de um lugar para se reunir.

Além disso, ao "caracterizar" um edifício, é preciso tomar cuidado para não subestimar a bênção que o local de reunião familiar representa. Depois do Onze de Setembro, as pessoas sentiram certa urgência de orar em uma igreja. Procuro me lembrar de que Deus também ouve meu pedido de ajuda dentro do carro quando vou a um compromisso. Duvido que a Trindade se importe se cruzamos as pernas no chão, se determinamos lados separados para homens e mulheres, usamos instrumentos para cantar, oramos usando um livro em comum ou participamos de um programa sem nenhum plano visível.

O Senhor se apraz com o anseio e o esforço de reunir irmãos e irmãs em Cristo e quando o adoramos. A reunião é para nosso próprio bem-estar, mas, acima disso, é para ele, que merece toda a atenção, louvor e adoração. Sei que é impossível reunir-se e dizer honestamente: "Não adiantou nada". Não acredito. Então, você não se esforçou. Nenhum hino, nenhuma passagem da Bíblia, oração, conversa, lembrança? Verdade? Enquanto estiver viva, a igreja será assunto sério e sempre valerá a pena.

A maravilhosa verdade do Novo Testamento é que, quando saímos do edifício, ou qualquer outro nome que dermos à igreja, nós, os cristãos e discípulos de Cristo Jesus, o levamos conosco!

> *Quando buscamos uma congregação à qual podemos, e devemos, nos juntar, precisamos perguntar se ela ensina que Jesus morreu e ressuscitou dos mortos, e que ele é o único caminho para o céu. Devemos perguntar se ela ensina que a Bíblia é a palavra inspirada de Deus. Devemos estudar as Escrituras, e comparar o que se ensina com aquilo que estudamos* (v. Atos 17.10-12).
>
> *Crescer em Cristo quer dizer que nos tornaremos produtivos e úteis (v. 2Pedro 1.8), e que começaremos a exibir as qualidades de caráter do discípulo de Cristo (2Pedro 1.5-7). Podemos pedir a Deus para nos ensinar mais a seu respeito. Então, seremos capazes de discernir a verdade do erro e poderemos nos juntar à igreja que ensina a Bíblia de forma precisa e adequada.*
>
> — Jill Briscoe

Depoimentos sobre a igreja

Salmos 61.5 diz: "... deste-me a herança que concedes aos que temem o teu nome". Minha herança terrena não é grande coisa. Pelo que sei, venho de uma longa linhagem de não-cristãos, alguns dos quais eram grandes pecadores como eu. Contudo, Deus, em sua imensa graça e misericórdia, deu-me a herança espiritual de todos aqueles que crêem em seu nome. Minha verdadeira herança vem de Abraão, Davi, Daniel, Paulo, Billy Graham, a família Palau e todos aqueles que amam e seguem Jesus. Minha família é a família de Deus. É um dom maravilhoso.

Assumi um compromisso de ir à igreja regularmente. Quando tenho vontade de ficar em casa, é Satanás trabalhando para me dar uma desculpa. A igreja é um lugar de consolo e conforto, o lugar para onde vou quando quero adorar ao Senhor com outros cristãos, sabendo que há outras pessoas no mundo que não têm essa liberdade. Minha tarefa é não abandonar a comunhão com outros cristãos. Se me centrar muito em mim mesma, poderei me ferir com as palavras dos outros. Se me concentrar em Jesus Cristo, as pessoas poderão me espezinhar o quanto quiserem que nada sentirei. Se, toda vez que alguém tentasse me ferir, eu me sentisse ofendida e deixasse de ir à igreja, quantas vezes teria de mudar de igreja?

Agora que meus filhos estão grandes, minha tarefa é encorajar as mulheres mais velhas da igreja e ensinar as mais jovens sobre casamento e família. Oro sobre minhas áreas de envolvimento e fico maravilhada em como o Senhor me prepara para realizar tudo que jamais sonhei que poderia fazer, como dar aulas na escola bíblica para diversos alunos com formação universitária uma vez que eu tenho apenas um diploma do ensino médio. Aceitei até mesmo um papel na encenação de Natal da igreja e fiquei surpresa ao descobrir que minha participação foi desafiadora, divertida e benéfica para a produção.

Nossa grande igreja fez uma pesquisa com a congregação e descobriu que, em média, as pessoas freqüentavam a igreja uma vez por mês. Era o suficiente para que se sentissem parte da família da igreja. Recentemente, cumprimentei um casal que se sentou ao meu lado no culto e perguntei: "Faz tempo que vocês vêm aqui?". A mulher respondeu: "Sim e não. Há sete anos que vimos esporadicamente. Preferimos não nos envolver". Queria lhes contar sobre os benefícios que estavam perdendo e o crescimento que poderiam experimentar, mas fiquei calada.

Da mesma forma que, no Antigo Testamento, a vestimenta do sacerdote, sempre que ele entrava na presença de Deus, representava as doze tribos "'como memorial permanente perante o SENHOR'" (Êxodo 28.29), apresento minha igreja, família, comunidade e o mundo regularmente em oração como memorial permanente perante o Senhor. Ser um fiel guerreiro de oração é a tarefa mais importante da minha vida.

A congregação local é um recurso útil na educação dos filhos, um contexto de apoio e encorajamento. Acima disso, é responsabilidade dos pais instilarem valores, a fome de conhecer a Deus pessoalmente e a sede de intimidade com Jesus. A igreja se torna uma parceira dos pais na formação espiritual das crianças. Quando nossos filhos precisarem de ajuda num momento de culpa, confusão, fracasso ou necessidade, esperamos que busquem, no conforto da igreja que conhecem e na qual são conhecidos, a ajuda espiritual dos mais preparados.

Quando casamos, minha esposa e eu nos mudamos para uma cidade pequena. Começamos a freqüentar uma igreja e sentimos que poderíamos contribuir para o ministério de jovens. Não há muitas igrejas em nossa cidade; embora pequena, nossa igreja é uma ferramenta que nos ajuda a alcançar a cidade para Jesus. Tenho amigos que não sentem necessidade de se comprometer com um corpo de cristãos. Eles não sabem o que estão perdendo. Precisamos ser as mãos e os pés de Jesus Cristo em nossa comunidade.

Meu marido era um dos diversos militares em nossa igreja convocados durante a guerra contra o terrorismo. A igreja ajudou as famílias, oferecendo um programa para nossos filhos nas manhãs de sábado, o que nos dava tempo para cuidar rapidamente de nossos afazeres e compromissos. Nesse período, voluntários também nos ajudaram a fazer a manutenção da casa e do jardim.

É um alimento para meu espírito freqüentar a igreja semanalmente, onde meu mundo é ampliado enquanto sou conduzido à adoração e ensinado por outros. Ouvir as histórias de outros cristãos que lutaram, cresceram e sobreviveram pela fé é uma inspiração para minha própria jornada espiritual.

Meu pastor está na "meia idade", mas é muito jovial. Ele acha graça nas coisas e procura não levar tudo muito a sério. Busca a saúde da congregação, e não se deixa distrair pelo desejo de ser reconhecido em uma escala maior. Ele cuida do próprio corpo a fim de manter em forma e poder continuar a ministrar para o Senhor. Estabeleceu um ritmo admirável e inspira os outros a segui-lo. Em troca, o corpo da igreja reconhece que ele está na linha de frente no campo espiritual. Sempre que virar para trás, verá que, fielmente, estamos orando por ele.

Consigo fazer mais para ajudar os outros quando estou envolvido na igreja que quando faço isso sozinho. Nós nos reunimos na igreja para poder alimentar os famintos, vestir os que não têm roupas e ajudar os sofredores. Quando dois ou mais cristãos se reúnem, Jesus Cristo está entre nós e nossos esforços são multiplicados.

Às vezes, ao visitar uma nova igreja, a pessoa se sente estranha. Para ajudar os visitantes a se sentirem à vontade, cumprimento cada um, convido-os para a aula da escola bíblica e, muitas vezes, os levo para almoçar. Durante a semana, faço uma ligação ou levo um vaso com uma planta até sua casa. Leio uma passagem encorajadora da Bíblia, oro por sua família e convido-os a retornar.

> *O mundo é um lugar melhor porque Miquelângelo não disse: "Não pinto teto".*
> *O mundo é um lugar melhor porque um monge alemão chamado Martinho Lutero não disse: "Não abro portas".*
> *O mundo é um lugar melhor porque um membro da Universidade de Oxford chamado John Wesley não disse: "Não trabalho ao ar livre".*
> *O mundo é um lugar melhor porque Moisés não disse: "Não enfrento faraós".*
> *O mundo é um lugar melhor porque Noé não disse: "Não construo uma arca nem salvo animais".*
> *O mundo é um lugar melhor porque Rute não disse: "Não gosto de sogras".*
> *O mundo é um lugar melhor porque Maria não disse: "Não darei à luz virgem".*
> *O mundo é um lugar melhor porque Maria Madalena não disse: "Não lavo pés".*
> *O mundo é um lugar melhor porque Jesus não disse: "Não morrerei na cruz".*
>
> — Leonard Sweet
> *A Cup of Coffee at the Soul Cafe* [Uma xícara de café no café da alma]

PARTE II

A igreja, uma família para nossos filhos

CAPÍTULO

6

Transmissão da fé

Amado Senhor:
Não peço que me concedas uma de tuas obras grandiosas,
Uma vocação nobre nem qualquer tarefa extraordinária.
Ajude-me apenas a manter a minha.
Conceda-me uma criança que seja meu norte
No misterioso e doce caminho que leva a ti.
Dá-me voz para ensinar a orar,
Dá-me clareza para enxergar tua face.
A única recompensa que peço, amado Senhor,
É poder instruir uma criança.
Não peço para, algum dia,
Contar-me entre os sábios, os ricos ou os grandes;
Peço apenas que o Portão me permita atravessar,
Suavemente, de mãos dadas com uma criança.

— Autor desconhecido

Como pais ou avós, podemos colocar em prática a dinâmica espiritual que afetará nossa família nas gerações futuras. A igreja nos ajuda nessa tarefa durante toda a jornada.

Quando era criança, nossa congregação não-denominacional era o centro da minha vida. Percorria quase um quilômetro a pé para chegar lá. O edifício era uma estrutura pioneira com dois ambientes, o campanário e um fogão a lenha que tinha de ser alimentado no inverno. Como uma foto de cartão postal, havia uma sala no fundo para a escola bíblica voltada aos pequeninos. O restante das crianças aproveitava ao máximo as aulas da escola bíblica que eram dadas em dois bancos por um professor que tentava dar conta do recado da melhor maneira possível.

Confesso que, em alguns domingos, participava de uma brincadeira silenciosa que era empurrar o colega sentado ao seu lado, de pouco em pouco, até que o último, na outra ponta, caísse do banco. Apesar do murmúrio que ouvíamos das outras classes, conseguíamos prestar atenção à aula. Toda semana, levava para casa os trabalhos da escola bíblica sobre a matéria que estávamos estudando.

Então, minha igreja mudou de endereço e construiu um prédio com classes e banheiros internos. Um santuário foi acrescentado a tempo para o meu casamento, no início da década de 1960. Agora, a congregação ganhou a quarta sala de culto.

Meus pais seguiam a mesma rotina aos domingos. Íamos todos à escola bíblica e depois assistíamos ao culto. Lembro que ficava com muita fome quando o culto era muito longo. O almoço era um prato assado no forno, de preparo demorado, e meus pais costumavam convidar alguém para compartilhá-lo conosco.

Papai, invariavelmente, tirava uma soneca no sofá da sala de estar. As crianças esperavam, impacientes, por algum sinal de que estava acordando espontaneamente. Quando ele acordava, começávamos a assediá-lo para nos levar ao parque ou a uma visita aos amigos. Dá para imaginar uma visita surpresa à casa de alguém hoje em dia? Visitar os amigos era uma atividade dominical. Como engenheiro civil, meu pai gostava de passear para procurar projetos de construção de estradas antigas e novas. O ponto alto para nós, crianças, era a tradicional parada para um sorvete no Dairy Queen. Depois, voltávamos para assistir ao culto vespertino na igreja ou íamos para casa brincar.

Lembranças dominicais

Luis Palau, que cresceu na Argentina, e lembra-se que brincar ou assistir a jogos de futebol era permitido durante a semana, mas proibido no domingo. Os domingos da infância de Luis eram dias agitados, com uma rotina rigorosa. A família levantava cedo para estar na igreja a tempo para a ceia do Senhor, às 9 horas, e, depois, para a escola bíblica. À tarde, evangelizava crianças nas esquinas das ruas, em salas de aulas, improvisadas na garagem, ou visitava doentes. Alguém tocava o harmônio (um órgão estridente com pedais), e a mãe de Luis conduzia um hino alegre. Luis tentou participar da música, tocando o acordeão, até perceber que o Espírito Santo distribui os dons, e a ser músico não era um dos seus! Depois de um culto vespertino na pequena capela às 20 horas, todos que se consideravam parte do grupo de jovens reuniam-se na casa de alguém para cantar, ensinar e se divertir.

Luis lembra-se do domingo como um dia de adoração e culto, mas não de trabalho. Na igreja, ele aprendeu a orar e a ensinar. As ruas empoeiradas, a caminhada até a igreja com a Bíblia sob o braço, em uma sociedade na qual a maioria dos moradores não se dedicava à adoração, tudo fazia que Luis e sua família se sentissem privilegiados e, ocasionalmente, discriminados.

Tenho algumas lembranças da criação dos meus filhos e dos domingos em que escapava dos sermões sobre virtude dirigidos aos pais mais jovens. Num domingo em particular, quando nossos quatro filhos eram pequenos, alguém derramou suco de laranja, e já estávamos atrasados. O pai delas já estava no carro e pude ouvir as crianças gritando: "Corre, mamãe". Por que, na divisão de tarefas, eu sempre fico com a parte mais divertida?, pensei comigo, enquanto limpava a bagunça.

Nenhum planejamento é capaz de evitar todas as surpresas de última hora. Os diabinhos de Satanás adoram esconder o sapatinho de uma criança para que a família se amontoe na perua ou no furgão em um estado nada apropriado para a adoração.

"'Edificarei a minha igreja'", disse Jesus. Hoje, vejo pessoas nos corredores da igreja, algumas conheço desde que nasci. Vejo uma família na qual Deus reconstruiu vidas, e as novas gerações são cada vez mais bem-sucedidas. Outra família luta para se manter unida apesar das decepções e problemas de saúde, das vitórias e derrotas. Aqueles que descobriram Jesus Cristo como Salvador, um dia, serão objetos do culto memorial quando se mudarem para sua verdadeira casa.

Na consagração ou no batizado dos bebês, a congregação é lembrada das responsabilidades de orar pela criança, instruí-la e encorajá-la, e os pais, de seu crescimento espiritual. Somos uma família espiritual.

Em família, a igreja participa da ceia do Senhor e canta: "Jesus, sempre te amo porque sei que és meu". Há quantos anos isso acontece? Tremo de pensar na fraqueza e na imperfeição que vejo em minha vida: "Será que ele devotaria essa liderança sagrada a um pobre como eu?". Sim, sem dúvida.

Vejo sua mão forte me disciplinando, confortando, encorajando e, às vezes, me usando ao ministrar à minha família na igreja. A igreja será uma tradição espiritual essencial até que meus dias cheguem ao fim e ele venha me buscar e me levar para casa.

Oração por nossos filhos

Pai, ouça-nos, esta é nossa oração,
Ouça o clamor de nosso coração,

Oramos por nossos filhos,
Dos poderes do mal os livre,
Dos perigos ocultos os salve.
Pai, ouça-nos, por nossos filhos,
Que pelo redemoinho não sejam tragados
Nem em areia movediça afogados.
Pai, ouça-nos, por nossos filhos,
Que com alegrias mundanas não se contentem
Nem a tristeza da falta de fé enfrentem.
Pai, ó Pai, guarde nossos filhos,
Nas águas turbulentas da vida, oriente-os,
Nas batalhas amargas, conforte-os.
Pai, ó Pai, permaneça ao lado deles,
A expressão de seus anseios interprete,
Suas súplicas caladas intercepte.
Santo Pai, por nossos filhos,
Onde quer que estejam a esperar,
Leve-os para casa quando a hora chegar.

— Amy Carmichael

Depoimentos sobre a igreja

Quando tinha 8 anos, acompanhando a vida de meus colegas de classe, do time de futebol e dos vizinhos, costumava perguntar aos meus pais se eles eram cristãos. Eles sempre respondiam: "Não sabemos. Só porque uma pessoa vai à igreja, não dá para dizer se ela é uma verdadeira seguidora de Jesus Cristo. Só Deus conhece o coração delas". Agora que sou adulto, ainda vejo as pessoas julgarem a espiritualidade umas das outras pelas companhias que escolhem. Freqüentar a igreja tornou-se uma espécie de padrão que usamos para avaliar os outros. Meus pais aproveitavam o tempo que passávamos no carro para nos falar da infinita graça de Deus e seu exclusivo conhecimento de nosso coração. Quando chegarmos ao céu, acho que ficaremos surpresos ao encontrar alguns conhecidos e outros não. Em 1Samuel 16.7, está escrito: "'Não considere sua aparência nem sua altura, pois eu o rejeitei. O SENHOR não vê como o homem: o homem vê a aparência, mas o SENHOR vê o coração'".

A melhor coisa que meus pais fizeram para transmitir sua fé para mim foi manter os votos do matrimônio. É necessário um esforço de ambas as partes para ter um bom casamento, e meus pais fizeram o possível para praticar os princípios bíblicos de tratar os outros com dignidade e respeito. Seu casamento era a própria fé em ação.

O sacerdote Eli do Antigo Testamento criou os filhos na casa de Deus, mas eles não seguiram o Senhor. Samuel cresceu na casa do Senhor, mas isso não lhe garantiu um relacionamento com Deus enquanto o Senhor não o chamou. Como pai, tentei preparar o terreno para meus filhos ouvirem e atenderem ao chamado de Deus. Orei diariamente para que meus filhos pertencessem ao Senhor. Ensinei-lhes os princípios divinos encontrados nas Escrituras, estudei os livros cristãos com eles e enchi nossa casa com música que louvava ao Senhor. Ir à igreja e participar das atividades de serviço eram práticas comuns em nossa vida. Fiz minha parte para garantir que meus filhos crescessem na presença do Senhor e reconhecessem sua voz quando ele os chamasse para junto de si.

Comprometidos com nossa igreja, meus pais transmitiram a importância de comungar com cristãos, adorar coletivamente e servir. Eles ministravam na escola bíblica, nos programas

Pioneiros e faziam parte do conselho de diáconos. Era comum recebermos missionários em nossa casa, para jantar e pernoitar. Meus pais praticavam sua fé consistentemente em casa.

Embora não tenha escolhido viver em uma casa com três adolescentes pela segunda vez, foi uma bênção inesperada. As circunstâncias levaram minha filha e seus filhos adolescentes a morarem conosco. Essa adaptação ocorreu ao mesmo tempo em que meu marido de 54 anos precisou de meus cuidados em tempo integral. Eu só saía para ir à clínica médica, ao pronto-socorro e à igreja. Foi maravilhoso participar dos momentos festivos de meus netos e um privilégio poder compartilhar com eles as experiências de minha vida ao lado de Jesus Cristo. Os três amam ao Senhor profundamente e servem-no de diversas maneiras e com o mesmo deleite que eu sentia quando tinha a idade deles. Eles, a todo momento, estão envolvidos em viagens missionárias, atividades de grupos de jovens e amizades. Nosso lar que abriga diversas gerações enriqueceu nosso amor que nos une uns aos outros e ao Senhor.

Nossa família apreciava o culto matutino e vespertino de domingo e o culto noturno de quarta-feira. Meus irmãos e eu já somos adultos, mas, quando crianças, fugíamos dos programas infantis da igreja para ficar com minha mãe e meu pai no grupo de estudo bíblico e na reunião de oração. Eles sempre colocavam o braço sobre meus ombros. Ainda me lembro do que aprendi durante esses momentos, e as horas que passamos juntos tornaram-se momentos preciosos e ininterruptos com a família reunida.

Semanalmente, meu pastor de jovens enviava e-mails encorajadores para mim e outros adolescentes do nosso grupo de jovens. A equipe da igreja sempre me ofereceu oportunidades de apoiar e participar de projetos missionários. Essas duas coisas ajudaram minha fé a crescer.

Minha mãe e meu pai viviam consistentemente segundo os padrões bíblicos durante toda a semana, e não apenas no domingo. Eles tentavam tomar decisões com base no que agradava ao Senhor. Como viviam de acordo com a Bíblia, eu podia contar com eles e, com essa ajuda, aprendi que podia contar com Deus. Sua caminhada diária com Deus proporcionou paz e segurança para nossa família e reforçou minha crença em seguir Jesus Cristo.

Meus pais eram apaixonados por missões. Todo missionário que aparecia em nossa comunidade era convidado para jantar em casa. Recebi uma educação maravilhosa, sentando à mesa e ouvindo os missionários contarem as histórias de seu trabalho em campo. Meus pais apoiavam fielmente os missionários e, todo ano, em nossas férias, envolvíamo-nos em uma missão de curto prazo. Essa herança ensinou-me que a igreja é mundial, e não separada por diferenças denominacionais.

Ainda me lembro da manhã de domingo em que minha mãe "perdeu a cabeça". Papai estava em uma viagem de negócios, e mamãe, ocupada tentando nos aprontar para ir à igreja. Numa faixa etária que variava dos dez aos dezessete anos, muitos de nós, os filhos, resmungavam só pelo fato de ter de ir à igreja. Foi então que nossa doce e gentil mãe anunciou que sua vida girava em torno de nós, que todo ano ela fazia o que nós queríamos, ouvia nossa música, trabalhava como escrava para nós a semana inteira, preparava nossa comida, limpava nossa bagunça, lavava nossa roupa, ajudava-nos com nossos deveres e levava-nos a todas as nossas atividades extracurriculares. A única coisa que ela queria era um momento abençoado de paz para adorar ao Senhor aos domingos; por isso, estava na hora de nos acalmarmos e entrarmos no carro sem dar mais nenhum pio. O fato de minha mãe ser tão apaixonada pela igreja causou um grande impacto em mim.

Por ter crescido na igreja, tive de fazer uma transição da fé dos meus pais para desenvolver a minha própria. Para me ajudar nesse processo, meus pais não tornaram o hábito de ir à igreja uma condição para viver em casa. Quando não podia ir à igreja ou queria dormir na manhã de domingo, eles sugeririam que eu me concentrasse em meu relacionamento pessoal com Deus, lendo a Bíblia e depois orando durante o dia. Meus pais me ensinaram que era importante freqüentar a igreja, mas não insistiam para que eu fosse. Eles me permitiram ir a outras igrejas cristãs e a acampamentos com meus amigos do colégio. Éramos uma família proeminente em nossa congregação, por isso minha freqüência esporádica não causava boa impressão. Durante o ensino médio, longe de minha família, encontrei minha própria fé.

É impressionante a quantidade de pessoas que vai à igreja somente quando é conveniente. Fui criado por pais cristãos que me levavam à igreja e à escola bíblica toda semana. Quando nossa família saía de férias, visitávamos as igrejas nos lugares para onde íamos. Minha visão do corpo de Cristo ampliou ao conhecer outros cristãos em outras áreas, adorar com eles e ver como os outros "encaram a igreja". Agora, adulto, continuo a tradição. Sempre que saio da cidade a negócios, vou à igreja do local onde estou. Conheci igrejas grandes e pequenas, congregações famosas e anônimas. É maravilhoso poder comungar com irmãos e irmãs em espírito onde quer que eu vá.

Meus irmãos e eu costumávamos envergonhar meus pais na igreja, pintando o cabelo de verde ou rosa, usando *piercing* e roupas estranhas. Não éramos como os jovens da igreja, mas nossos pais sabiam que nossa fé era genuína, e nossas ações, uma expressão saudável do processo de amadurecimento. Para meus pais a aparência era secundária em relação ao caráter; eles estavam dispostos a pôr a reputação em jogo por nós, sem se importarem com o que os outros pensavam.

Nunca me esquecerei do domingo em que um missionário terminou sua mensagem à congregação e procurou especificamente por meu pai. Ele apertou vigorosamente a grande mão calejada de meu pai e agradeceu por seu apoio financeiro naqueles últimos dois anos. O missionário explicou que o trabalho fora particularmente difícil em um país estrangeiro sem muitas facilidades com as quais estamos acostumados. Além disso, a contribuição financeira que recebiam de outros era esporádica e, em muitos casos, cessava. Ele disse: "Mas não a sua. Quando ficava desanimado, sua fiel e oportuna contribuição chegava com a precisão de um relógio". Antes, eu enxergava os esforços de meu pai com desdém. Naquele domingo, sem dizer uma palavra sequer, meu pai me ensinou a importância da constância e o poder de contribuir fielmente.

Quando protestei contra ir à igreja, meus pais fizeram questão de ouvir meus motivos para não querer freqüentá-la. O trato era que conversaríamos sobre isso depois da igreja, e não enquanto nos arrumávamos para ir no domingo de manhã. Meus argumentos eram que me sentia insignificante, como se ninguém gostasse de mim, que os líderes dos jovens tinham seus preferidos e que a igreja em geral era maçante. Como ficar em casa não era uma opção, procuramos encontrar uma solução juntos. Papai explicou que os professores que ficam nervosos na hora da aula favorecem aqueles que lhes transmitem confiança. Eles mudavam depois de um trimestre ou no decorrer dos anos, e meus pais me garantiram que os adultos enfrentavam as mesmas situações. Decidimos valorizar as respostas de todos nas aulas da escola bíblica e dizer palavras encorajadoras àqueles que freqüentavam a igreja conosco. Concordamos que a igreja era um lugar para nos reunir e servir. Meus pais me desafiaram a participar da solução, em vez de simplesmente reclamar dos problemas.

A lembrança mais antiga de minha infância é que me sentava no colo de minha mãe durante o culto da igreja. Não havia outra alternativa, como o culto para os jovens, aulas para crianças ou berçário. Os filhos ficavam ao lado dos pais. Mesmo enquanto me revirava no chão embaixo do banco, aprendia várias coisas com o sermão. Aguçava os ouvidos toda vez que o pastor contava uma história.

Papai e mamãe ajustavam o despertador para um horário que nos desse bastante tempo de nos arrumar para a igreja sem pressa nem mal-humor. Como a igreja era importante para eles, naturalmente tornou-se importante para nós, seus filhos. Os amigos iam até nossa casa após a igreja para a refeição, e visitantes e novos membros também eram convidados. Ocasionalmente, uma roupa nova me deixava ansiosa para ir à igreja e poder estreá-la. Como domingo era um dia especial para nossa família, e nosso dia especial girava em torno da igreja, ir à igreja naturalmente tornou-se um dos momentos favoritos da minha semana quando me tornei adulto.

> *Não tenho alegria maior do que ouvir que meus filhos estão andando na verdade.*
>
> —3João 4

CAPÍTULO

7

Uma igreja para os que enfrentam batalhas

Por meus queridos não temerei

O amor sabe como proceder

A cada ano, até o presente dia;

Quem meu coração tanto estima

Por ele o teu também se afeiçoa.

— Amy Carmichael

A vida cristã não é uma corrida de 100 metros, mas uma lenta e constante caminhada. O legalismo e as tolas proibições na comunidade espiritual, em geral, tornam-se obstáculos à fé. Às vezes, as lutas diárias ou as terríveis tragédias da vida nos mutilam, e temos dificuldade de buscar ajuda na igreja. Além disso, o ritmo acelerado da vida estraga o plano divino para o dia dedicado à celebração da ressurreição de Jesus Cristo.

E a hipocrisia?

Em uma região da Escócia, conhecida por impor rígidas restrições que deveriam ser obedecidas aos sábados, incluindo proibições contra ler jornal ou brincar de balanço no domingo, circulava a seguinte história. Um rapaz entrou em um hotel barato abraçado à uma garota de programa do vilarejo. Ao subirem as escadas para um quarto alugado, o jovem começou a assobiar. Imediatamente, a moça parou e disse: "Quero que saiba que não dormirei com um homem que assobia no sábado!".

Exagero, é claro, mas entre os extremos há algo a se aproveitar. Ninguém deseja retornar a um sistema de ociosidade descabida, muito embora Deus o tenha ordenado. Isso é legalismo.

A igreja está cheia de hipócritas, sujeitos que fingem ser o que não são. Eu me encaixo nessa definição, assim como o apóstolo Paulo, que admitiu: "Não entendo o que faço. Pois não faço o que desejo, mas o que odeio" (Romanos 7.15). A hipocrisia está nos olhos do observador. Ela é subjetiva, uma crítica sem critério definido. Há hipócritas em todas as esferas da vida; então, por que não haveria na igreja onde há uma esperança por transformação? Pogo disse: "Sei quem são os inimigos: nós mesmos". Os hipócritas que Jesus condenou eram líderes religiosos que impunham regras que eles próprios não cumpriam. Ele nunca usou essa palavra para descrever nem mesmo o mais fraco de seus seguidores ou discípulos.

E as desavenças?

A questão não é se surgirão as desavenças, mas quando isso acontecerá. Em geral, elas envolvem pessoas de personalidade forte que tentam associar as questões à doutrina bíblica, quando a raiz do problema está na disputa pelo poder e controle. A Bíblia enfatiza que os líderes são pastores, caracterizados pela bondade, que cuidam do rebanho. A ordem é criada quando nos espelhamos no Mestre e seguimos seu estilo de liderança servil.

Um professor da Wheaton College desafiou os alunos a identificarem as verdades bíblicas que devemos defender até a morte. Se a igreja limitasse o conflito aos ensinamentos essenciais — a divindade de Jesus Cristo, sua obra na cruz, a autenticidade das Escrituras e a necessidade de nosso arrependimento —, então, o governo religioso, formas de batismo e outras questões controversas, coisas que geram mais confusão que compreensão, não teriam êxito.

Nas culturas em que há perseguição religiosa, os detalhes não são tão importantes. Pessoas com formações diferentes dão as mãos para seguir a Jesus Cristo sem discussão e pagam um preço alto por isso. A história da igreja ao longo dos séculos revela que o homem sempre criou desavenças por causa de métodos e estilos. No entanto, Deus ainda nos ama e continua comprometido conosco. Jesus disse: "'... edificarei a minha igreja'" (Mateus 16.18), e foi o que fez com outros como você e eu, apesar de nós, e não com a nossa ajuda.

Felizmente, o domingo pode ser um dia revigorante em que deixamos para trás os deveres, as preocupações e os projetos que preenchem a semana. Uma calma manhã de domingo na igreja dedicada à adoração, à aprendizagem, à exortação, à reunião com amigos, ao encorajamento dos fracos e desanimados, orando juntos pela igreja universal e local, é uma celebração digna de expectativa.

> *Mas vocês chegaram ao monte Sião, à Jerusalém celestial, à cidade do Deus vivo. Chegaram aos milhares de milhares de anjos em alegre reunião, à igreja dos primogênitos, cujos nomes estão escritos nos céus. Vocês chegaram a Deus, juiz de todos os homens, aos espíritos dos justos aperfeiçoados, a Jesus, mediador de uma nova aliança, e ao sangue aspergido, que fala melhor do que o sangue de Abel.*
>
> — HEBREUS 12.22-24

Depoimentos sobre a igreja

Cresci, literalmente, "dentro da igreja". Sempre presentes para realizar uma atividade ou outra na igreja, meus pais participavam de infindáveis reuniões de conselho, mas o relacionamento com Jesus Cristo raramente acontecia na vida diária deles. Eles iam à igreja domingo de manhã e, na hora do almoço, o prato principal era "pastor frito", pois criticavam o sermão, reclamavam dos programas da igreja e fofocavam sobre os freqüentadores. Eram comuns os conflitos com os membros da igreja. Esse cristianismo negativo alienou-me e afastou-me da fé quando me tornei adulto. Levei um bom tempo para separar a amargura deles em relação à igreja da relevância de Jesus Cristo em minha própria vida. Só fui entender tudo isso depois de adulto.

Esperava que as pessoas que freqüentam a igreja fossem diferentes. Fui para lá em busca de sabedoria sobre relacionamentos, dinheiro, casamento e família. Descobri que os cristãos viviam brigando entre si, endividavam-se e divorciavam-se tanto quanto as outras pessoas. Queria saber qual a diferença, ou vantagem, de ser cristão em comparação com o não-cristão.

Quando era colocado de castigo na adolescência, meus pais restringiam minhas atividades sociais e exigiam que eu freqüentasse a escola bíblica, o grupo de estudo bíblico, reuniões de oração e o grupo de jovens. Sei que eles queriam meu bem, mas aprendi a associar a igreja com castigo.

Depois de adulto, parei de freqüentar a igreja, porque não encontrei ao menos uma igreja suficientemente boa numa área próxima; o trabalho e ganhar dinheiro tornaram-se minhas prioridades.

Meu passado é permeado por maus-tratos. A igreja que comecei a freqüentar decidiu que eu precisava perdoar meus agressores e abandonar a amargura. Para mim, isso era impossível. Fui vitimada e machucada e, agora, a igreja queria que eu fizesse o trabalho duro de perdoar. Tudo que podia fazer era tentar sobreviver. Não tinha mais forças para fazer o trabalho hercúleo de perdoar uma transgressão maligna e a destruição de minha vida. A igreja tornou-se mais um lugar em que eu não era considerada digna, não era capaz de atender aos seus padrões.

Estava pronta para abandonar a igreja, quando os líderes buscaram o conselho de outro pastor com experiência em situações semelhantes. Ele recomendou-lhes que me ouvissem sem interrupção e, depois, avaliassem minha dor e minhas emoções. Os membros da igreja que estavam trabalhando comigo pararam de insistir que eu perdoasse e, em vez disso, ofereceram-me amor e compaixão. Surpreendentemente, esse processo de aceitação e empatia permitiu que me recuperasse, pois estava cercada da segurança e da aceitação de outros cristãos. O perdão aconteceu naturalmente depois que Deus e seu povo me amaram.

Na minha experiência, muitas orações foram atendidas quando me tornei cristão, mas isso diminuiu conforme amadureci. Orar é mudar por meio da perseverança, ser como Cristo e apoiar-se no consolo e no poder de Deus. Orar não é mudar as circunstâncias. Confiar verdadeiramente é crer cegamente quando não entendemos os desígnios de Deus. Estar na igreja, cercado por outros cristãos amadurecidos, ajudou-me a entender essa transição entre ser um novo convertido e tornar-se uma pessoa madura na fé.

Localizada em uma área carente, nossa igreja notou que muitas pessoas do bairro tinham receio de ir à igreja porque não tinham roupas mais finas para vestir. A congregação decidiu vestir-se de forma mais informal para que ninguém se sentisse deslocado.

Coordeno um grupo de estudo bíblico para mulheres em minha comunidade, do qual certa mulher fez parte fielmente durante anos. Nunca lhe perguntei que igreja freqüentava, e ela nunca contou. Um dia, depois da aula, ela me agradeceu por tudo que tinha aprendido e pela bênção que o grupo tinha sido para ela. Ela me disse que o marido se aposentaria e eles se mudariam. Declarou: "Este grupo de estudo bíblico tem sido a minha igreja. Meu marido não é cristão e ele sempre tem algo para fazer no domingo. Por meio deste estudo, minha fé cresceu e se fortaleceu". Naquele dia, percebi que algumas pessoas precisavam encontrar maneiras criativas para adorar, ter comunhão e "freqüentar a igreja".

A hipocrisia em nosso grupo de jovens fez que eu me desinteressasse da igreja. A Bíblia diz, em Tiago 2.2-4: "Suponham que na reunião de vocês entre um homem com anel de ouro e roupas finas, e também entre um pobre com roupas velhas e sujas. Se vocês derem atenção especial ao homem que está vestido com roupas finas e disserem: 'Aqui está um lugar apropriado para o senhor', mas disserem ao pobre: 'Você, fique em pé ali', ou: 'Sente-se no chão, junto ao estrado onde ponho os meus pés', não estarão fazendo discriminação, fazendo julgamentos com critérios errados?". Todavia, nossa liderança privilegiava abertamente as crianças com roupas de grife e dinheiro para participar de todas as viagens caras de esqui. Havia uma turma de "descolados" que era aceita, e o restante de nós, que não fazia parte dela, não era bem-vindo.

No domingo de manhã, quando não quero ir à igreja, aprendi a examinar minha alma. Por que vou à igreja? O que espero ganhar com isso? O que estou disposto a dar aos outros e, especialmente, a Deus? Quando decido me doar, Deus dá-me o desejo e a energia necessários para honrá-lo e para servir aos outros. Então, vem o desejo de ir à igreja.

A igreja local não permitia crianças no santuário. As famílias eram instruídas a colocar os filhos em programas voltados para as crianças. Nossa família ficava separada a semana inteira, por isso pedimos para sentarmos juntos, mas os diáconos disseram que devíamos obedecer ou ir embora. Citei uma passagem da Bíblia: "'Deixem vir a mim as crianças, não as impeçam; pois o Reino de Deus pertence aos que são semelhantes a elas. Digo-lhes a verdade: Quem não receber o Reino de Deus como uma criança, nunca entrará nele'. Em seguida, tomou as crianças nos braços, impôs-lhes as mãos e as abençoou" (Marcos 10.14-16). A resposta foi que as crianças distraíam os adultos que queriam adorar. Gostávamos de ver as crianças envolvidas no culto e achamos que, como pais, devíamos decidir o que era melhor para a nossa família.

Ocasionalmente, as pessoas diziam-me que não se sentiam bem-vindas ou confortáveis em minha igreja. Embora nunca lhes tenha dito isso diretamente, sempre achei que o problema estava "nelas". Então, tive de morder a língua. As pessoas na igreja, até mesmo o pastor, começaram a me tratar friamente e questionar a minha salvação. Essa atitude atrapalhava meu tempo de adoração na igreja. É fácil lidar com Deus, mas, às vezes, seu povo é difícil. Essa experiência me fez ver que nossa congregação tinha dificuldade de ajudar e amar pessoas que eram "diferentes". Não preciso me esforçar para agradar ao homem: "Quem teme o homem cai em armadilhas, mas quem confia no SENHOR está seguro" (Provérbios 29.25). Meu Pai me ama pelo que existe dentro de mim e ele conhece meu coração. Ele sabe que sou humano e suscetível a falhas, mas também sabe que o amo. Agora, enxergo além das aparências e consigo oferecer o amor e a aceitação de Deus àqueles que não se enquadram aos moldes.

Participava de uma organização paraeclesiástica que julgava a espiritualidade de uma pessoa pela versão da Bíblia que ela adotava, pelo costume das mulheres usarem apenas vestidos e cobrirem a cabeça e pelo método de instrução dos filhos que a família adotava. Dava-se mais importância à aparência e à conformidade do que aos princípios de fé bíblica e ao mandamento de Jesus Cristo de amar uns aos outros.

Meus sogros são grandes empecilhos à minha fé. Como apreciam viver no isolamento, eles acham que não ir à igreja é ter estilo. Como temos um convívio muito próximo, o relacionamento deles com meu cônjuge e comigo depende de fazermos o que eles aprovam, e eles não aprovam meu envolvimento na igreja.

Depois de passar anos no grupo de jovens da igreja, em que as atividades giravam em torno de comida, divertimento e brincadeiras, ao completar 18 anos, não sou mais bem-vinda entre os adolescentes. A juventude foi segregada do restante da igreja e agora me sentia traída pelo meu próprio grupo. Eu não estava preparada para sair de um grupo de jovens enérgico e ativo e ter de me sentar quieta durante uma hora, ouvindo o sermão do pastor. Meus pais ficaram arrasados quando não consegui sobreviver à mudança, parei de ir à igreja e manifestei minha raiva optando por um péssimo estilo de vida.

Antes de uma conferência, a pastora das mulheres orientou-me sobre os eventos do fim de semana e as características das mulheres que os freqüentavam: "A maioria das jovens casadas com filhos trabalha fora de casa. Elas estão extremamente cansadas, e nós planejamos cuidadosamente várias atividades na mesma noite, para não sobrecarregar as famílias. Evite transmitir-lhes qualquer sentimento de culpa. Elas já têm muito para carregar".

Como palestrante, isso me fez ponderar seriamente sobre uma questão: "Quais são os elementos indispensáveis para a família de Deus?". É vital que cada um de nós explore sozinho a Bíblia para não extrapolar o que Deus ordena. Podemos, no entanto, ler no Novo Testamento: "'Quanto a vocês, peritos na lei', disse Jesus, 'ai de vocês também!, porque sobrecarregam os homens com fardos que dificilmente eles podem carregar, e vocês mesmos não levantam nem um dedo para ajudá-los'" (Lucas 11.46).

Assumir fardos que Deus nunca pretendeu que carregássemos é o caminho certo para o estresse, o esgotamento e o legalismo. Nossa vida deve estar fundamentada em um relacionamento genuíno com Deus, e não nos efeitos que um palestrante promove, por melhor que ele seja.

Meus pais direcionaram toda sua criatividade e energia para os ministérios infantis da igreja. Eles diziam a todos que gostavam muito de crianças; no entanto, quando ficávamos a sós, em família, não demonstravam a mesma empolgação. Eles faziam de tudo pelos projetos ministeriais, mas eram desanimados e desatentos com os próprios filhos. Ficava chateada ao vê-los darem toda a atenção às outras crianças, enquanto eu ficava com o que sobrava do casal mais respeitado da igreja.

Na mesma semana em que as igrejas de nossa comunidade espumavam de raiva porque Marilyn Manson se apresentaria em nossa cidade, levei meus cinco filhos a um show de um músico cristão em uma faculdade cristã. Quando nos sentamos, fiquei triste ao notar o olhar de desaprovação das pessoas ao meu redor por eu ter levado as crianças. Ironicamente, no show de Marilyn Manson, as crianças eram bem-vindas e até havia uma sala com café e bolinhos para os pais. Que estranho contraste ver as crianças serem bem-vindas em um lugar maligno, mas não em um ambiente cristão.

Nosso pastor e diáconos ficavam ofendidos se alguém levantasse questões ou fizessem sugestões diferentes. As questões relacionadas ao comportamento do pastor eram rotuladas de fofoca.

A congregação logo aprendeu que as dúvidas eram negativas e que a prova de fé era crer em Deus a ponto de não questionar. As conversas giravam em torno do tempo e de cumprimentos ao pastor. O único pedido de oração aceitável era de cura para uma doença física. Sem a liberdade de questionar e ter discussões saudáveis, a igreja tornou-se fria e crítica em relação aos membros sofredores. Muitas pessoas ficaram isoladas, feridas e até abandonaram a igreja. Quando a liderança fica na defensiva e não se abre para um diálogo franco, ela sufoca um sistema saudável de controle mútuo. O crescimento espiritual acontece em um ambiente em que todos podem indagar e debater sobre as difíceis questões da vida.

A contradição entre os padrões de meus pais e o que era permitido em nosso grupo de jovens era um grande empecilho à minha fé. Enquanto meus pais queriam que me chamassem pelo primeiro nome, o líder dos jovens insistia em um apelido. Meus pais ensinaram que eu só deveria me preocupar com assuntos do coração quando tivesse idade para namorar, mas o grupo de jovens me encorajava a namorar cedo. Meus pais apreciavam as boas maneiras, enquanto o grupo de jovens promovia atividades que estimulavam um comportamento mal-educado e indolente. Em casa, deixava meu quarto bem-arrumado, mas os adolescentes, duas vezes por semana, vandalizavam a sala do nosso grupo de jovens e deixavam uma bagunça para o zelador arrumar. Os filmes a que nosso grupo de jovens assistia não eram boas escolhas. Os grupos de jovens foram criados para se associarem aos pais e ajudarem os adolescentes a fortalecerem sua fé em Deus, mas a ética comprometedora do meu grupo criou um atrito entre meus pais e eu.

Meu filho e sua esposa não freqüentam a igreja, embora sejam cristãos professos. Eles serviram em vários verões em acampamentos cristãos e freqüentavam a igreja durante o namoro, noivado e primeiro ano de casamento. Depois mudaram-se para outro bairro e pararam de freqüentar a igreja. Como pais, nós os encorajamos a se envolverem em uma congregação local, mas de nada adiantou. Estamos muito preocupados com a saúde espiritual deles. Continuo a buscar conselho e orientação apropriados que possa transmitir ao meu filho e à sua esposa.

Uma colega da escola convidou-me para ir à igreja. Sabia que as pessoas iam bem-arrumadas, por isso, coloquei minha melhor saia. Acontece que era uma minissaia, mas todas as minhas saias eram curtas. Durante toda a manhã, vi os olhares de reprovação das mulheres na igreja, por causa da minha minissaia. Sabia que não era bem-vinda.

Noiva de um jovem da nossa igreja, nossa filha desmarcou o casamento quando foi sexualmente molestada por ele. Ela também descobriu que ele se envolvia com pornografia. Quando o incidente foi levado ao conhecimento dos membros do conselho da igreja, eles preferiram fechar os olhos para o comportamento do rapaz, mas exigiram que nossa família provasse seu perdão incondicional ao jovem, mantendo contato social com ele e sua família. Sentimo-nos traídos pelo rapaz que roubou a inocência de nossa filha e pela igreja que considerou nosso perdão insuficiente e tirou nossos nomes do corpo de membros da igreja.

As histórias da Bíblia não me tocavam. O que essas personagens fictícias e seus problemas obscuros tinham a ver comigo? Então, o líder do grupo de jovens da igreja começou a colocar as histórias bíblicas no contexto atual. Agora, seus conflitos se parecem com os que enfrento em minha vida. Esse método ajudou-me a ver a relevância das Escrituras em minha própria vida e despertou meu interesse pelo estudo bíblico e grupos de discussão nos quais estudamos os princípios da Bíblia na vida quotidiana.

Como sou uma pessoa determinada e ativa, estou sempre realizando e produzindo algo. Sou extremamente eficaz e eficiente. A igreja de minha infância estava atolada em antigos hábitos, liderança inflexível e temas repetitivos. Era entediante e assim que me tornei madura o suficiente para tomar minhas próprias decisões parei de freqüentá-la.

Na faculdade, segui a convicção em meu coração de que deveria voltar à igreja e comecei a freqüentar uma grande congregação que se orgulhava de ter um ministério universitário ativo. Entreguei minha vida a Jesus Cristo e comecei a buscar o Senhor por conta própria, em vez de esperar receber tudo pronto do púlpito. O primeiro momento crucial foi descobrir que nem todas as igrejas são enfadonhas. Algumas avançam, crescem e se adaptam às mudanças do tempo e do público. Além disso, tenho uma responsabilidade com Deus de ser ativa e contribuir para uma comunhão saudável. A igreja não é uma atividade passiva. É um evento participativo no qual interajo com outros cristãos. A igreja diz respeito a eu fazer um sacrifício de tempo e de energia, transmitindo percepções a outros cristãos e encorajando-os. Na igreja, oferecemos aos outros o conforto que recebemos. A vida da igreja diz mais respeito ao dar do que ao receber.

No porto, o navio está seguro,
Mas não é esse o seu destino.

— Autor Desconhecido

Jesus chama a igreja para ser uma comunidade de navegantes destemidos, pessoas dispostas a levantar âncora e abandonar a segurança dos portos da vida, capazes de velejar nas águas turbulentas do ministério e das missões; pessoas que crêem que Deus, quando não acalmar a tempestade, as acalmará para enfrentá-la, convictas de que viajar com Jesus é desfrutar a paz mesmo em meio às experiências intempestivas.

— Leonard Sweet,

A Cup of Coffee at the Soul Cafe [Uma xícara de café no café da alma]

CAPÍTULO

8

O retorno do filho pródigo

Com Deus, todos têm esperança.

— Ruth e Billy Graham

Todo cristão observa, ora e espera pelo momento (em geral, na hora de dormir) em que o filho começa a falar sobre querer que Jesus entre em seu coração. Há muitas variações desse acontecimento transformador. Por mais imatura, imprecisa ou infantil que seja a oração, os pais esperam que a semente da vida eterna seja plantada no coração dos filhos.

Relato de uma mãe (Pat Palau)

Luis e eu, quando nossos filhos se tornaram adolescentes, aguardávamos os sinais afirmativos da vida espiritual. Os quatro oravam pedindo a Jesus Cristo para ser seu Salvador. Nosso terceiro filho, Andrew, era um menino muito dócil e agradável, mas não exibia um relacionamento espontâneo e pessoal com o Senhor.

Como um homem sábio, Jesus perguntou aos discípulos em Mateus 16.15-17: "'Quem vocês dizem que eu sou?' Simão Pedro respondeu: 'Tu és o Cristo, o Filho do Deus vivo'. Respondeu Jesus:

'Feliz é você, Simão, filho de Jonas! Porque isto não lhe foi revelado por carne ou sangue, mas por meu Pai que está nos céus'".

Jesus Cristo prometeu que a igreja universal seria construída, não em Pedro, mas na verdade indubitável que Simão Pedro enunciara: Jesus Cristo é Deus.

Quando nosso filho Andrew se tornou adolescente, não exibia um sentimento de identidade pessoal com Jesus Cristo. A fé em Deus era uma "coisa da nossa família". Andrew resistia às atividades da igreja que não tinham que ver com diversão e brincadeira. Somos gratos aos pacientes e laboriosos líderes dos jovens que não desistiram de nosso amado filho e seu grupo de jovens cuja mente não diferia dos não-cristãos!

Os anos seguintes foram marcados pelo estilo de vida festivo de Andrew, por minha tentativa de encaminhá-lo para uma universidade cristã, pelos anos em que ele participou de uma agremiação na faculdade estadual e por sua decisão de viver o mais longe possível dos pais. Ele trabalhava e levava uma vida mundana. Quando nos reuníamos, Andrew demonstrava respeito e era um jovem admirável, mas não havia nenhum sinal de Jesus em seus olhos ou em seu coração. O tempo passou e, agora, ele tem 27 anos.

Os guardiões do céu não desistiram de nosso filho. Quando nosso pastor preparava uma série de eventos de evangelismo em estádios na Jamaica, convidamos Andrew para se juntar a nós. Ele aceitou por causa do sol, da praia e da pesca. Na Jamaica, ele conheceu uma família piedosa, profundamente envolvida nos eventos de evangelização. Quando passou mais tempo com os jovens da família, Andrew conheceu uma vida que o atraiu. Deus falou em seu coração de forma poderosa. Na presença de seus novos amigos cristãos, nosso filho pródigo arrependeu-se de seus anos errantes.

A igreja faz parte do plano de Deus para o nascimento, a formação, a nutrição e a restauração de nossos filhos. Sou muito grata pelos homens e pelas mulheres maduros que ensinaram e orientaram nossos filhos durante seus anos de rebeldia e estranhamento. Permanecer na mesma igreja todo esse tempo permitiu que nossos filhos fossem conhecidos, por seus vícios ou por suas virtudes.

Como missionária comissionada e enviada para longe da igreja, nossa família era atentamente observada. Decidi, logo no início, que era melhor sermos vistos como uma tribo imperfeita do que ficar isolada sem que outros se juntassem a nós ou orassem por nós. É arriscado ser conhecido. Isso pode não só representar ser um possível alvo de fofoca, mas também receber muito apoio de cristãos maduros que cuidam de nossa família e que nos apresentam ao Pai em oração.

Um ano depois de retornar para Jesus Cristo, Andrew voltou a freqüentar nossa igreja. Diante da congregação, ele contou o que Deus fizera e agradeceu ao empenho da igreja por amá-lo, aceitá-lo e, fielmente, orar para que ele desenvolvesse um relacionamento autêntico com Cristo.

Vários professores da escola bíblica de Andrew, depois, contaram-me histórias engraçadas e malucas sobre Andrew e seus amigos no grupo de jovens, nas aulas da escola bíblica e na Brigada Juvenil. Esses fiéis mentores suportaram as tolices de Andrew e nunca deixaram de orar por ele nem fofocaram a seu respeito, embora tivessem muito que falar. Hoje, com razão, eles se orgulham da obra que Deus está realizando na vida de meu filho.

Filhos difíceis e diferentes apresentam um desafio que exige maturidade e sabedoria que vão além das habilidades humanas. Aqueles que servem nas igrejas são amadores que caminham com o Espírito Santo ao lado. Os Andrews do mundo nos fazem perseverar.

Como sinto um profundo amor pelos filhos pródigos da igreja, observei o que pode ajudá-los e o que pode não os ajudar.

- Repreender um filho sempre que ele reclama sobre a igreja não adianta. Ele diz: "Se fôssemos numa igreja assim e assado, eu não reclamaria". Talvez sim, talvez não. Uma vez, conversei com um líder de jovens sobre a reclamação do meu filho e ele me disse: "Seu filho não vem à igreja o bastante para saber o que o programa inclui".
- Os líderes da igreja devem decidir se, para proteger seus filhos, preferem misturar-se à família da igreja, esconder-se ou não se envolver. As pessoas contavam-me histórias sobre as gracinhas do meu filho. Às vezes, elas davam para fofocar sobre os filhos de líderes, secretamente deliciando-se no fato de que eles não eram perfeitos. Por essas verdades envolverem meus filhos, minha dor era maior. Não queria que meus filhos fossem alvo de um julgamento injusto nem que tivessem de atender a um padrão mais alto que os outros. Minha vontade era de fugir e não deixar ninguém se aproximar. No entanto, por trás da emoção do encontro e dos possíveis motivos do mensageiro, havia uma dose de verdade que precisava ser encarada. Foi importante ter me contido para não "abater o mensageiro".
- As pessoas que demonstram uma preocupação genuína e falam a verdade por amor, sustentaram o ministério, cuidando de nossa família. Elas oraram para que superássemos os momentos difíceis.
- Na época em que Luis e eu enfrentamos os problemas comportamentais de Andrew, lemos o livro de John White, *Parents in Pain* [Pais sofredores]. Também encontramos conforto nos poemas de Ruth Bell Graham sobre filhos pródigos e suas experiências com seu próprio filho pródigo.

Por fim, graças à misericórdia de Deus, Andrew casou-se com sua bela esposa, Wendy, que conheceu na Jamaica. Com dois filhos, hoje, Andrew e Wendy servem ao Senhor de todo coração. Ele trabalha no evangelismo, compartilhando seu testemunho, ajudando aqueles que se desviaram da fé ou que nunca fizeram parte de uma igreja-família. Ele ajudou a desenvolver um modelo único de evangelismo e a organizar eventos nacionais que atraem centenas de milhares de pessoas que desejam conhecer o evangelho.

A esperança de cada obreiro da escola bíblica e dos pais de filhos pródigos é que Deus utilize no poder do Espírito Santo a criatividade, a agressividade e a firmeza dos errantes para transformar o mundo. Andrew acredita que as pessoas nunca deveriam parar de orar pela família e pelos amigos nem deixar de convidá-los a conhecer Jesus Cristo.

Há pouco tempo, nossa família experimentou um dos maiores eventos de sua vida. Nossa cidade de Portland, Oregon, promoveu um festival de evangelismo de dois dias. Cerca de 140 mil pessoas participaram do festival que incluiu horas de música contemporânea e várias apresentações do evangelho feita por Luis. Muitas dessas idéias partiram de Andrew, que se lembra claramente de como os não-cristãos pensam. Todos nós trabalhamos: Luis e eu, nossos filhos, nossas noras. Ver a família inteira no ministério para ajudar os perdidos foi o maior sonho que se tornou realidade.

Muitos adolescentes e adultos criados na igreja já se afastaram da fé ou abandonaram-na completamente. Às vezes, a falta de conflito favorece a complacência dos pais até que eles tenham de deparar com drogas, álcool ou anticoncepcionais na vida dos filhos. O assassino serial Ted Bundy e a estrela do rock ocultista Marilyn Manson, segundo dizem, foram criados em lares cristãos. De acordo com a revista New Man, Manson foi ordenado na Primeira Igreja de Satã. Será que existe um motivo para explicar por que alguns jovens se perdem, e outros se apegam rapidamente a Jesus Cristo? Os pais sempre se perguntam: "Onde foi que errei?".

Nem todos os filhos pródigos marcham resolutos para o mundo, deixando a família, a igreja e o estilo de vida para trás. Na verdade, esses tipos corajosos são a minoria. Condoleeza Rice não foi rebelde, mas já se autodenominou pródiga. Filha de pastor, ela cresceu na igreja, mas, depois dos 20 anos, desviou-se da fé. Os altos e baixos em sua fé somados ao trabalho, aos estudos e às viagens internacionais impediram-na de freqüentar a igreja. Em uma de suas raras visitas, um sermão sobre o irmão mais velho do filho pródigo fez que voltasse a participar ativamente da igreja. Em seguida, depois que se mudou para a Casa Branca, como secretária da segurança nacional do presidente George W. Bush, assumiu esse compromisso e começou a fazer o curso para se tornar membro. Conhecendo as pressões que enfrentaria, essa decisão foi sábia.

Abandonar a igreja nem sempre é um ato drástico, mas um suave desvio.

> *Jesus era um arrojado construtor de pontes. Apesar de todas as limitações, ele imaginou uma ponte sem precedentes de influência espiritual, que acabaria com um abismo cheio de incredulidade, indiferença, hostilidade e até perseguição. Ele imaginou uma ponte capaz de unir seu povo, "minha igreja", como o chamou, a um mundo indiferente, mas que cria. É por isso que Jesus adorava falar sobre a igreja, especialmente o poder que ela representaria e exerceria no mundo. Assim é a ponte que Jesus imaginou: uma igreja unificadora, uma ponte de influência. Não podemos mais simplesmente nos dar ao luxo de ficar de um lado do "grande abismo" e gritar aos que estão do outro lado. Precisamos nos conectar a eles.*
>
> — Robert Lewis,
>
> *The Church of Irresistible Influence* [A igreja de influência irresistível]

Depoimentos sobre a igreja

Minha saída da igreja não aconteceu de repente, mas lentamente. No fim da adolescência e nos primeiros anos da faculdade, estava difícil encontrar uma igreja na qual me sentisse à vontade. Aos sábados, ficava acordada até tarde da noite e, depois, encontrava uma desculpa para não encontrar meus irmãos e minhas irmãs em Cristo para celebrar o dia do Senhor. Curiosamente, esse meu lento afastamento de minha família espiritual durante a época da faculdade era socialmente aceitável, o mesmo que acontece com a pessoa viciada no trabalho, cuja ausência é perdoada pela família natural. Ao voltar para casa no Natal, o compromisso inabalável com a fé de minha família mostrou-me o quanto havia me distanciado e me fez pensar: "Há anos não vou à igreja e não oro. Digo que sou cristã, mas me deixei levar pelo curso da vida sem tomar a decisão de escolher uma igreja e ingressar nela". Depois das férias de fim de ano, comecei a fazer parte da comunidade cristã da faculdade.

Depois de um divórcio humilhante, foi muito doloroso retornar à igreja. A mudança no meu estado civil era constrangedora, e sentia-me julgada pela igreja por não ser espiritual o bastante para manter o casamento. Experimentei uma "quebra espiritual". Mergulhada na profunda dor emocional, parei de freqüentar a igreja, que poderia ter sido o melhor hospital no mundo para mim.

Pelas duas disciplinas diárias, a leitura da Bíblia e a oração, o Senhor gentilmente mostrou-me que é fiel e merece a minha fé. Sua igreja é composta por pessoas que não são perfeitas. Finalmente, consegui concentrar-me em Jesus e esquecer-me dos outros.

Sentindo a necessidade de comunhão, encontrei uma nova igreja na qual me sinto segura e compreendida, desafiada e amada. Ela entende as necessidades específicas de uma pessoa divorciada. Novamente, entreguei, de forma especial, minha vida a Jesus Cristo.

Sempre me arrepio ao pensar como teria sido fácil renunciar à igreja. Isso quase aconteceu.

Dois de meus filhos com mais de 20 anos decidiram experimentar as drogas e ter uma vida sexual ativa com garotas não-cristãs. Obviamente, essa decisão levou-os para longe de sua caminhada com Deus. Embora estejamos profundamente decepcionados com o rumo que eles decidiram tomar, acreditamos que cada um deve trilhar sua própria jornada com Deus. O Senhor, e não nós, é quem os ensinará, guiará e, finalmente, trará de volta a sua comunhão. Cabe a nós amá-los incondicionalmente, como Deus ama, olhar apenas para eles, independentemente do estilo de vida que levam, reconhecê-los como adultos e orarmos, orarmos, orarmos.

Ao seguir minha carreira, afastei-me da fé cristã e, raramente, ia ao culto de domingo. Em uma visita esporádica à igreja, percebi que era como o irmão mais velho do filho pródigo, presunçoso e vaidoso na fé. Assim como ele, eu nunca duvidei da existência de Deus, mas também não estava caminhando ativamente na fé. Reassumi meu compromisso com Cristo e iniciei uma vida ativa de oração, estudo bíblico e envolvimento com a igreja. Foi um momento importante.

Fui criado em um lar cristão, porém não estabeleci firmemente minha fé. Aos 19 anos, entrei para a faculdade e fiz um curso sobre religiões comparadas. O curso foi o suficiente para destruir o ancoradouro de minha infância. Embora tivesse certeza sobre a existência de um Deus, não estava convencido de que Jesus existira. Não se pode ir a Deus senão por meio de Jesus. Afastei-me da família, recorri ao álcool e tornei-me suicida. Era bem-sucedido nos estudos e no trabalho, mas tinha o problema da arrogância. Pensava que havia chegado a uma conclusão sensata sobre a fé; no entanto, lembro-me de sentir uma tristeza inexorável.

Uma amiga convidou-me para um grupo de estudo bíblico de que participei esporadicamente durante dois anos. Minha amiga era uma mulher inteligente; e eu apreciava nossas discussões intelectuais sobre a fé. Ela contou-me sobre Jesus Cristo, e eu tentei dissuadi-la de suas crenças. Ela convidou-me para um seminário sobre hermenêutica no qual o palestrante disse que eu precisava nascer de novo para entender a Bíblia. Ele me disse para ir para casa e resolver minhas desavenças com Jesus. Foi o amor de Jesus que me conquistou. Convidei o Senhor a entrar no meu coração e fui dormir.

De manhã, senti que Cristo estava em meu coração. Ele mudou tudo, deu certo. O Senhor alegrou completamente meu coração, e a mudança foi tão visível que, quando encontrei minha amiga, ela exclamou: "Você conseguiu!". Minha vida deu uma volta de 180 graus. Eu era um grande incrédulo; agora, sou um seguidor fervoroso do Senhor. Embora a vida, muitas vezes, seja difícil, sei que Jesus Cristo está comigo e que ele me ama e que me dá sua alegria.

Meus pais fizeram o seminário e desempenhavam cargos ministeriais em tempo integral. Embora se sentissem tentados a se considerar "acima" da igreja e a criticar as imperfeições da congregação, nunca o fizeram. O respeito pela igreja ficava evidente todo domingo, quando nossa família ia ao culto e participava da escola bíblica. O envolvimento de meus pais com a igreja não era casual, e eles não viam a freqüência como opção. Esse exemplo que tive na infância atraiu-me de volta para a igreja quando me tornei adulto. Sabia que esse era o lugar certo para os tempos de crise. A atitude deles em relação à igreja preparou o caminho para que, quando precisei de uma congregação, eu retornasse a ela em minha vida adulta.

Cresci na igreja, mas abandonei-a aos 15 anos, quando meu pai morreu de câncer. Quando estava com 27 anos, alguns amigos convidaram-me para sua congregação. O pastor e as pessoas receberam-me com alegria. Eles fizeram-me sentir à vontade, ofereceram-me sua amizade e apresentaram-me a um relacionamento com o melhor amigo de todos: Jesus Cristo.

Quando era criança, ia à escola bíblica, mas depois que alcancei um relativo sucesso na faculdade e em minha carreira, não precisei muito de Deus. Podia cuidar da minha própria vida. Então, surgiu uma crise que não fui capaz de resolver. Nesse momento, percebi que precisava de um Salvador, alguém que fosse maior que eu mesmo. Busquei a Deus de joelhos e encontrei uma igreja cheia de outras pessoas que sabiam que precisavam do Senhor.

Embora meu pai fosse o pastor da igreja Holiness na qual cresci, afastei-me do Senhor. Era um cínico de meia-idade, quando minha terceira esposa encorajou-me a visitar minha irmã e meu cunhado, pessoas cristãs. Minha hostilidade em relação ao cristianismo fez que me sentisse um estranho em relação a eles. Minha irmã e o marido acolheram-me com alegria e bondade. Se tivessem me passado um sermão, teria ido embora, mas seu interesse genuíno por mim fez que eu voltasse a me relacionar com eles e fosse à igreja, onde entreguei meu coração ao Senhor.

Depois de dez anos longe da igreja, reatei uma antiga amizade de infância. Meu amigo apegara-se firmemente aos princípios cristãos, ao passo que eu trocara o plano de Deus pelas filosofias do mundo. Depois de afastar-me da igreja, não tinha mais o padrão da Palavra proclamada toda semana à qual me amparar ao assumir sérios compromissos de vida, até mesmo o casamento. Sem sermões, as calmas conversas com meu amigo lembraram-me rapidamente do quanto me distanciara da mentalidade cristã do meu passado. A certeza da existência de verdades absolutas e princípios santos com os quais podia contar atraíram-me de volta ao Senhor, como a mariposa sente-se atraída pela luz.

Quando era adolescente, não era um rebelde declarado. Queria apenas provar dos dois potes. Queria viver como meus amigos, andando à beira do abismo, agindo de forma arriscada e negligenciando Deus. Entretanto, também queria ficar com a família, voltada para Cristo e para a igreja, nosso lugar de reunião.

Não gostava de confrontação, mas era "o tal na escola", embora ainda freqüentasse a igreja, apesar de chegar tarde e sair cedo. Meu coração não estava nunca ali. Ficava triste quando mentia a meus pais sobre para onde ia e o que fazia. Nunca me senti rejeitado nem menos amado por minha família; tampouco, achava que os líderes dos jovens da igreja me desprezavam.

Então, quando estava com 25 anos, entreguei minha vida completamente ao Senhor. Olhando para o passado, vejo que nem meus pais nem os líderes ministeriais poderiam ter mudado as coisas. Tinha controle sobre minhas decisões. Nenhuma questão teológica ou prática da fé cristã havia me derrubado. Sabia o que estava fazendo e escolhi meu caminho deliberadamente.

Lendo o relato bíblico do filho pródigo, vi que, em alguns dias, era como o próprio, em outros, era como o irmão mais velho e, em outros dias ainda, como o pai.

Era pequena quando meus pais se divorciaram. Nossa denominação encarava o divórcio como um pecado imperdoável, e as pessoas se afastaram de minha mãe e de mim. Essa rejeição fez que ela parasse de ir à igreja.

Na adolescência, ia à escola bíblica. Quando voltava para casa à pé, debaixo de chuva, via as pessoas da igreja passarem de carro por mim. Sentia que não era bem-vinda pela congregação e, finalmente, parei de freqüentá-la. Embora continuasse com as disciplinas diárias de oração e leitura da Bíblia, estava espiritualmente à deriva. Tentei ir a outras igrejas durante o ensino médio e a faculdade, mas todas as tentativas foram desastrosas.

Depois que me casei e estava grávida de meu primeiro filho, o Senhor comoveu meu espírito. Queria que meu filho crescesse em uma igreja-família e conhecesse as histórias da Bíblia. Sugeri a meu marido que freqüentássemos a igreja, e ele concordou. O Senhor realmente me trouxe de volta ao seu encontro.

Todo santo tem um passado, e todo pecador, um futuro.

— ALEGG, CAPELÃO

Time de basquete Trailblazers de Portland

Relato de um pai (Luis Palau)

Poucos momentos antes de pregar o evangelho de Jesus Cristo a uma multidão de milhares de pessoas, afloram as emoções mais loucas.

Agradeço a Deus por conceder-me outra oportunidade de colheita, fico ansioso e alegre por saber que Deus está operando pacientemente em muitos corações, "não querendo que ninguém pereça, mas que todos cheguem ao arrependimento" (2Pedro 3.9); e, durante muitos anos, ficava triste porque minha mente sempre se voltava para meu filho, Andrew.

Andrew é o terceiro de meus quatro filhos. Depois de se formar na faculdade, mudou-se para Boston e, como um jovem confiante, começou a subir os degraus da escada corporativa. Todavia, não era seu distanciamento de casa que me preocupava, mas do Senhor.

Como os outros filhos, Andrew, quando era criança, orou para convidar Jesus a entrar em seu coração. No entanto, desde o período de ensino médio, perdeu o interesse pela Bíblia e pela igreja. O ambiente universitário tomou conta de sua vida, e Andrew seguiu a onda. Ocasionalmente, Deus intervinha, mas não havia lugar para o Senhor na vida desse jovem. Morando do outro lado do continente, Andrew assumiu um estilo de vida secular com valores seculares.

Por mais doloroso que fosse, Pat e eu tivemos de aceitar o que aconselhávamos a outros pais. Só porque Andrew fez a escola bíblica e aprendeu a crer não queria dizer que havia realmente se convertido. A conversão é essencial, quer a pessoa tenha nascido em uma família não-cristã ou em uma família cristã extremamente devotada.

Então, quando me sentava na plataforma, e orava: "Senhor, que muitos se apresentem para professar sua crença em Cristo", estava, na verdade, pensando: Seria uma grande alegria para mim... mas como posso me alegrar completamente se Andrew não está aqui, caminhando com Cristo também?

Havia uma pontada de tristeza que permeava minha vida. Percebi que, se meu coração carregava esse peso, o de Deus devia estar ainda mais triste, porque seu amor é muito mais abnegado e puro. Essa verdade é a essência da asserção de Jesus no Sermão do Monte: "'Se vocês, apesar de serem maus, sabem dar boas coisas aos seus filhos, quanto mais o Pai de vocês, que está nos céus, dará coisas boas aos que lhe pedirem!'" (Mateus 7.11).

A revolta de Andrew foi uma lição dolorosa. Como um de meus filhos, apesar do meu esforço para direcioná-lo aos caminhos de Cristo, resistia à conversão, fiquei imune a alguns aspectos da arrogância e do orgulho. Não era cativante e bom o suficiente para levar Andrew a caminhar como santo e nunca manchar o nome de Cristo.

Não me restou nenhuma alternativa senão me apegar à promessa de Deus a Israel: "'Todos os seus filhos serão ensinados pelo SENHOR, e grande será a paz de suas crianças'" (Isaías 54.13).

Em 1992, graças a Deus, Andrew retornou ao Senhor. Seria um arrependimento passageiro ou uma crença genuína? Não importa exatamente quando meu filho se converteu, se em criança ou se aos 27 anos de idade. Estou feliz por Andrew ser filho de Deus e fruto da herança bíblica.

Agora, prego o evangelho com muito mais convicção. O Senhor Jesus Cristo ressurreto tem o poder de mudar um país, no qual 80% da população se diz cristã, mas relativamente poucos têm uma vida diferente dos não-cristãos ou dos ateus. O coração das pessoas não mudou e, a menos que Jesus Cristo o faça, elas nunca serão diferentes daqueles que não seguem a fé cristã.

Para mim, Andrew é um belo exemplo do que eu gostaria que Deus fizesse pelos filhos e pelos jovens do meu país.

Um homem tinha dois filhos. O mais novo disse ao seu pai: "Pai, quero a minha parte da herança". Assim, ele repartiu sua propriedade entre eles.

Não muito tempo depois, o filho mais novo reuniu tudo o que tinha, e foi para uma região distante; e lá desperdiçou os seus bens vivendo irresponsavelmente. Depois de ter gasto tudo, houve uma grande fome em toda aquela região, e ele começou a passar necessidade. Por isso foi empregar-se com um dos cidadãos daquela região, que o mandou para o seu campo a fim de cuidar de porcos. Ele desejava encher o estômago com as vagens de alfarrobeira que os porcos comiam, mas ninguém lhe dava nada.

Caindo em si, ele disse: "Quantos empregados de meu pai têm comida de sobra, e eu aqui, morrendo de fome! Eu me porei a caminho e voltarei para meu pai, e lhe direi: Pai, pequei contra o céu e contra ti. Não sou mais digno de ser chamado teu filho; trata-me como um dos teus empregados". A seguir, levantou-se e foi para seu pai.

Estando ainda longe, seu pai o viu e, cheio de compaixão, correu para seu filho, e o abraçou e beijou.

O filho lhe disse: "Pai, pequei contra o céu e contra ti. Não sou mais digno de ser chamado teu filho".

Mas o pai disse aos seus servos: "Depressa! Tragam a melhor roupa e vistam nele. Coloquem um anel em seu dedo e calçados em seus pés. Tragam o novilho gordo e matem-no. Vamos fazer uma festa e alegrar-nos. Pois este meu filho estava morto e voltou à vida; estava perdido e foi achado". E começaram a festejar o seu regresso.

— Lucas 15.11-24

CAPÍTULO

9

Uma igreja que promove o crescimento

Alegrei-me com os que me disseram: "Vamos à casa do Senhor!"

— Salmos 122.1

Os cristãos que não cresceram em famílias cristãs conhecem o poder da experiência de conversão a Jesus Cristo. Essas pessoas, ao se tornarem cristãs quando adultas, compreendem a diferença entre a vida com Deus e a vida sem ele. Elas vivem cada dia conscientes dessa diferença, gratas por Deus amá-las tanto a ponto de salvá-las.

Nosso Deus criativo está sempre buscando ajudar e atraindo as pessoas para si: "'Mas eu, quando for levantado da terra, atrairei todos a mim'" (João 12.32).

A criatividade do Senhor é ilimitada quando nos convida a termos um relacionamento pessoal com ele por meio de mentores, campanhas de evangelismo, festivais, filmes, espetáculos, rádio, TV, literatura, cursos de estudo bíblico, acampamentos cristãos, escolas cristãs, missões de salvação, estudos bíblicos, ministérios de campo, ministérios em prisões e outras organizações paraeclesiásticas que alcançam os profissionais.

Basta fazer uma simples oração a Jesus Cristo, pedindo para que ele seja seu Senhor e Salvador (e, felizmente, tornar-se cristão é mesmo bem simples), que o nascido de novo, de repente, terá inúmeros irmãos e irmãs em Cristo.

Seja qual for a idade cronológica do novo cristão, ele nasce de novo para as coisas de Deus. O evangelismo, em geral, acontece longe da igreja, em locais neutros em que os não-cristãos se sentem à vontade. Depois de uma noite de evangelismo, ouvindo uma música contemporânea fabulosa e uma apresentação das boas-novas de Jesus Cristo, é maravilhoso ver as pessoas se apresentarem e entregarem o coração ao Salvador. O "bebê" cristão precisa encontrar logo uma família, ou seja, a igreja-família em que possa se nutrir e aprender a crescer na fé.

Se você ajudou a apresentar alguém a Jesus Cristo, ajude também esse novo cristão a estabelecer-se em uma igreja solidamente bíblica. Se você for um novo convertido, vá à igreja com o amigo que o levou para ouvir o evangelho. Freqüente a igreja no seu bairro ou uma na qual você já tenha uma ligação. Procure, no jornal ou na lista telefônica, uma igreja que ofereça programas apropriados para sua idade e suas necessidades. Encontre uma igreja que pregue e ensine a mesma mensagem que você ouviu quando entregou a vida a Cristo. A igreja deve ministrar o que está na Bíblia como a Palavra definitiva de Deus e colocar Cristo no centro da adoração.

Cada pessoa tem uma história única de conversão. Nosso Deus é maravilhoso, pois honra nossa individualidade! Muito embora haja apenas um caminho para a salvação, por meio de Jesus Cristo, Deus toca o coração de cada pessoa de maneira diferente.

Se você confessar com a sua boca que Jesus é Senhor e crer em seu coração que Deus o ressuscitou dentre os mortos, será salvo. Pois com o coração se crê para justiça, e com a boca se confessa para salvação.

— Romanos 10.9,10

Depoimentos sobre a igreja

Uma mulher que freqüentava a igreja na qual cresci orou por mim enquanto prestava o serviço militar. Aos 41 anos, voltei à igreja e aceitei Cristo como meu Senhor e Salvador. Ela me procurou após o culto, e disse: "Agora, posso parar de orar".

Quando era uma adolescente rebelde e assistia aos shows de Marily Manson, costumava caçoar dos cristãos. Achava que todos nós éramos bons de algum jeito e não acreditava que Deus enviaria ninguém para o inferno. Aceitação e tolerância foram meus toques de despertar. No trabalho, um cristão perguntou no que eu acreditava e ouviu minha história sem me interromper. Ele sempre me convidava para ir à igreja até que, um dia, eu fui. Chorei durante o culto; queria ter o que aqueles cristãos tinham. Um show de Ray Boltz, o vídeo que mostra Cristo carregando a cruz até o Calvário por mim, inspirou-me a convidar Jesus a entrar em meu coração. Mais tarde, levei meus pais e irmãos ao Senhor e casei-me com aquele colega de trabalho cristão.

Um festival ao ar livre chegou a nossa cidade no verão. Havia muita publicidade, por isso decidi checar essa grande festa a céu aberto. Por duas noites, as pessoas fizeram piqueniques sobre lençóis no chão e ouviram música durante horas. Os artistas pintaram o rosto, explicando o evangelho com as cores, e havia espaços para as crianças assistirem a vídeos infantis cristãos. Pessoas com todo tipo de talento, como a prática de skate, fizeram demonstrações e compartilharam seus testemunhos. Quando Luis Palau falou de forma simples sobre Jesus Cristo, ambiente estava acolhedor e alegre.

Embora não pisasse mais em uma igreja, o festival levou a igreja ao meu encontro. Vi os cristãos se divertirem, compartilharem seus talentos com a comunidade e levarem o evangelho às ruas sem nenhuma proibição, e isso mudou a imagem estereotipada que tinha a respeito deles. Queria participar daquela festa. Entreguei meu coração a Jesus naquele verão. Anseio pela festa eterna que compartilharemos com Jesus Cristo.

Um conhecido convidou-me a assistir a uma encenação da ceia do Senhor em sua igreja. A produção foi espetacular, e voltei para casa ansiosa por conhecer mais sobre aquele acontecimento e os discípulos que participaram dele. Durante meses, li a Bíblia, concentrando-me na segunda parte de Mateus, Marcos, Lucas e João para descobrir mais sobre Jesus e a vida de seus discípulos. Então, um amigo convidou-me para assistir a uma peça sobre a vida de Cristo em sua igreja. Depois de ver tudo o que o Senhor suportou na cruz por mim, ficou fácil entregar meu coração a ele. Agora, como membro da equipe de teatro, sei quanto trabalho e tempo um evento como esse requer. Sou grata por todos que dedicaram seu talento para me "mostrar" Jesus.

Os vizinhos convidaram-me para um curso de estudo bíblico de férias na sua igreja. Sou muito tímida e não atendi ao chamado até o altar, mas, quando voltei para casa, ajoelhei-me ao lado da cama e convidei Jesus para ser meu Senhor e Salvador.

Minha amiga estava seriamente doente com diabete e orava por mim. Eu experimentara sexo, drogas, enfim tudo, menos o Senhor, para espantar minha infelicidade. Desesperado, decidi me matar. Então, liguei o rádio, e um pastor apresentou-me um verdadeiro amigo. Orei e pedi a Deus para ser meu amigo eterno.

No dia seguinte, perguntei ao Senhor o que devia fazer sobre o apartamento que tinha arranjado para alugar com uma amante. O Espírito Santo incitou-me a devolver a chave. Embora tenha perdido o dinheiro do primeiro mês de aluguel, foi um preço pequeno a pagar para me libertar daquela situação. É maravilhoso ter um Salvador que se preocupa em responder minhas dúvidas e me orientar. Telefonei para minha amiga e contei-lhe sobre minha decisão. Ela ficou exultante e disse que, agora que eu entrara para o reino, ela poderia morrer. Seis meses depois, ela faleceu, mas antes ajudou minha alma a ganhar a eternidade.

Quando morava fora dos Estados Unidos, nossa família freqüentava uma igreja para expatriados de língua inglesa. Meus filhos entraram para uma classe da escola bíblica cuja professora era uma doce e jovem missionária da Wycliffe. Toda semana, a professora proclamava fielmente, e sem cessar, o evangelho aos jovens e obedientes alunos. Todo domingo, meus filhos convidavam Jesus a entrar em seu coração. Obviamente, Jesus não aparece e desaparece de repente; por isso, garanti aos meus filhos que nosso Salvador os ouvira desde a primeira vez e nunca os deixaria. Repetir uma oração toda semana pode não ser a doutrina correta, mas hoje meus filhos andam com jovens como eles e lembram daquela escola bíblica como sua experiência de conversão. Em 1Coríntios 13.11 está escrito: "Quando eu era menino, falava como menino, pensava como menino e raciocinava como menino. Quando me tornei homem, deixei para trás as coisas de menino". Deus seleciona os detalhes, considera nosso pensamento infantil e leva-nos à maturidade.

Na adolescência, minhas primas começaram a freqüentar uma igreja, só porque o pastor era bonito, e convidaram-me para ir com elas. Embora elas tenham se afastado, continuei a freqüentá-la. O pastor fazia um sermão do tipo "fogo e enxofre do inferno", e eu aceitei Jesus Cristo como meu Senhor e Salvador. Isso aconteceu há trinta anos e continuo admirando esse estilo de pregação.

Fui criada em um lar que misturava aspectos do cristianismo com bruxaria. A escola pública que cursava permitia que todas as religiões, exceto o cristianismo, manifestassem suas crenças. Aos 30 anos, estava mergulhada no sistema do mundo, e minha vida estava despedaçada. Dois maridos deixaram-me pelo mesmo motivo, outra mulher. Odiava-me e decidi que seria melhor para meus filhos se me matasse. Meu plano era deixar muitas contas para que meu ex-marido tivesse de pagar pelo resto da vida. No dia em que executaria meu plano, ouvi uma voz em meu íntimo dizer: "Você tentou de tudo, menos a igreja. Depois de se matar, quando estiver diante de Deus, e ele perguntar por que não buscou a igreja, o que você dirá?". Naquele domingo, a mensagem do pastor dizia que minha vida atrapalhada podia ter uma segunda chance. A mulher sentada ao meu lado virou-se e disse que iria comigo à frente da igreja, que eu não precisava ir sozinha. Isso foi há 20 anos.

Cursar uma faculdade cristã consolidou minha fé. As conversas e debates até tarde da noite com outros alunos (e, às vezes, com professores) sobre crenças e princípios fizeram-me examinar seriamente aquilo em que acreditava.

Filha única de pais devotados e amorosos, cresci em um ambiente totalmente seguro e estável. Meus pais fizeram diversos sacrifícios para me proporcionar todas as oportunidades de estudo. Embora me mimassem, eles nutriam altos padrões morais e uma grande expectativa a meu respeito. Com seu exemplo de integridade, ensinaram-me sobre justiça, o certo e o errado e os benefícios da disciplina e do trabalho árduo. Uma infância perfeita; no entanto, faltava alguma coisa. Por mais que tentasse, nunca estava perfeito.

As outras crianças do bairro e da escola eram diferentes. Elas tinham algo que eu não tinha. Essa diferença era Jesus. Ocasionalmente, amigos levavam-me para encontros de evangelismo, mas, por ser tímida, os chamados ao altar me aterrorizavam. As outras adolescentes discutiam comigo sobre questões espirituais e diziam que eu iria para o inferno. Essa atitude afastou-me do convívio com cristãos, pois me fez questionar e analisar o cristianismo. As pessoas que realmente me tocaram foram aquelas que desenvolveram amizade comigo e me amaram de forma semelhante à que Jesus me ama. Elas agiam com bondade e abnegação, sem esperar nada em troca. Não havia como criticar um exemplo como esse.

Depois de vários anos de busca, tornei-me cristã em uma faculdade de teologia. Por causa do profundo amor de meus pais por mim, foi fácil entender que Deus era meu Pai fiel e amoroso. Alguns amigos meus, que tiveram pais agressivos ou foram abandonados pelos pais, enfrentam lutas para aceitar essa verdade. Como não cresci na igreja, cada descoberta sobre a verdade bíblica era nova e estimulante, sem a influência do passado. Alguns amigos que cresceram na igreja não conseguiram conciliar a hipocrisia que observavam diariamente com o cristianismo da manhã de domingo e se afastaram de Deus.

Hoje, minha maior alegria é ver meus próprios filhos adolescentes se misturarem com outros alunos e levarem-nos a Jesus Cristo por meio do exemplo e da amizade. Meu marido também se tornou cristão quando já era adulto, por isso, decidimos não instruir nossos filhos em casa nem em escolas cristãs. Os jovens são as melhores pessoas para evangelizar outros jovens, e sua fé é fortalecida e aprimorada durante esse processo.

Quando fiz um curso de beleza, havia uma cliente que sempre pedia que eu a atendesse. Era uma adorável mulher cristã que personificava tudo o que eu queria ser. Ela sempre me trazia lindos presentes e cartões de oração. Quando arranjei um emprego numa empresa cristã, meus colegas me encorajaram a freqüentar uma igreja. No retiro para mulheres da igreja, aceitei Jesus como meu Senhor e Salvador. Quando voltei para casa, meu marido foi me encontrar com uma caixa que havia encontrado no sótão. Vi que era um dos presentes daquela bondosa senhora que conheci há muitos anos. Abri a embalagem e dentro havia um jogo americano de jantar que ela me dera para quando me casasse. Deus falou comigo nesse momento, pois me enviara uma pessoa dez anos atrás e, desde aquele tempo, esperara por mim pacientemente.

Quando voltava para casa de uma viagem de negócios, o homem sentado ao meu lado iniciou uma conversa educada. Contei-lhe que, recentemente, recebera o diagnóstico de câncer nos ossos. O homem disse que viu seu pai morrer aos 34 anos. O exemplo de serenidade do pai encorajou-o a buscar Jesus Cristo como Senhor e Salvador, e agora ele queria saber se eu sentia a mesma paz. Ele explicou o plano da salvação e apresentou-me a Jesus Cristo.

Cresci em uma igreja protestante tradicional e aprendi sobre Deus, mas não a ter um relacionamento pessoal com Jesus Cristo. Quando tinha 19 anos, em um acampamento de verão secular, uma mulher contou-me a verdade sobre Jesus. Embora acreditasse em Deus e soubesse que "Jesus morreu pelos meus pecados", pensei que Deus estava apenas interessado em minhas boas ações e realizações. Essa era a base do amor em minha família, que era extremamente disfuncional por causa do alcoolismo de meu pai. Não tinha nenhum modelo de referência do amor saudável e fraternal do qual minha amiga falava. Desesperada pelo amor incondicional de Jesus Cristo, era fácil entender minha necessidade de perdão, mas difícil aceitar que Deus queria me dar um novo começo.

Depois de lutar com essa nova informação durante duas semanas, ajoelhei-me na sala de estar quando fiquei sozinha em casa e orei: "Jesus, se o Senhor existe, por favor, entre em meu coração e mude a minha vida. Não posso mais continuar assim". É difícil descrever o incrível sentimento de paz que tomou conta de mim naquele momento. Uma voz suave me disse: "Você ficará bem".

Meu coração exultou de alegria naquele dia e me levou a seguir Jesus Cristo durante o tempo de faculdade e depois. Agora, sempre que tenho oportunidade, conto com a maior alegria sobre esse amor incrível e restaurador.

Fui criada em um lar evolucionista, não religioso. Achava que todo mundo era evolucionista, porque isso era ensinado como um fato na escola. Quando uma garota tentou testemunhar para mim, pouco depois que entrei na faculdade, apontei para a "árvore da vida" em um livro evolucionário e disse: "Esta é minha bíblia". Algumas vezes, tentei conciliar a evolução com o livro de Gênesis, mas decidi deixar o assunto para os teólogos. Quando ouvi um programa de rádio sobre criacionismo, percebi que não precisava acreditar na evolução, se a criação explicava melhor as evidências disponíveis. Busquei livros e fitas sobre o assunto e assisti a seminários e conferências de oradores criacionistas. Esses ensinamentos provaram que a Bíblia, desde o primeiro versículo, é totalmente confiável e que Jesus é o Criador e Salvador.

Embora tenhamos criado nossos filhos na igreja, a fé de minha filha foi realmente despertada depois que ela foi a acampamentos, conferências e cultos fora da nossa igreja. Sou grata pelos ministérios cristãos que promoveram programas de evangelização fora de sua própria igreja e ofereceram oportunidades para que as pessoas conhecessem Jesus Cristo e crescessem na fé.

> *Pois Deus enviou o seu Filho ao mundo, não para condenar o mundo, mas para que este fosse salvo por meio dele.*
>
> — João 3.17

CAPÍTULO

10

A igreja e seus costumes

Josué convocou os doze homens que escolhera dentre os israelitas, um de cada tribo, e lhes disse: "Passem adiante da arca do SENHOR, *o seu Deus, até o meio do Jordão. Ponha cada um de vocês uma pedra nos ombros, conforme o número das tribos dos israelitas. Elas servirão de sinal para vocês. No futuro, quando os seus filhos lhes perguntarem: 'Que significam essas pedras?', respondam que as águas do Jordão foram interrompidas diante da arca da aliança do* SENHOR. *Quando a arca atravessou o Jordão, as águas foram interrompidas. Essas pedras serão um memorial perpétuo para o povo de Israel".*

— JOSUÉ 4.4-7

As tradições espirituais são importantes. A Bíblia está repleta de tradições espirituais que o Senhor instruiu seu povo a manter.

No Antigo Testamento, a vida dos filhos de Israel tinha um ritmo. Eles reservavam o sétimo dia para o descanso, tinham festividades e celebrações durante o ano inteiro a fim de lembrar ao povo as intervenções graciosas de Deus em sua história. As tradições espirituais eram essenciais porque, como nós, os israelitas rapidamente se apegavam aos padrões do povo que os cercavam.

O Novo Testamento menciona a reunião para adoração, a comunhão, a oração e o louvor como uma decisão previamente tomada. Era natural, uma necessidade que sentiam. Na história da igreja primitiva, o domingo foi o dia escolhido para lembrar e celebrar a ressurreição de Jesus Cristo. É uma tradição espiritual que mantemos até hoje.

Quando meus filhos eram pequenos, usavam sapatinhos brancos de cano alto. Sábado à noite, na preparação para ir à igreja, eu lustrava os sapatos e colocava-os junto das roupas que eles vestiriam. O êxito e as bênçãos do que experimentamos na manhã de domingo dependem do que acontece na noite anterior. Como cada família tem seus próprios costumes, uma boa pergunta que podemos fazer em um momento de calma e tranqüilidade é esta: "Como posso tornar a preparação para ir à igreja uma experiência mais agradável?". Isso pode parecer mundano, mas lembre-se de que vivemos em um mundo imperfeito em que tudo pode dar errado, e alguém pode derrubar o suco de laranja.

Uma amiga costuma acordar os quatro filhos, crianças bem ativas, uma hora antes que o necessário para tomar um café da manhã reforçado no domingo. Ela diz que isso não é possível nos dias agitados do período escolar, mas não tenho idéia do que ela faz para conseguir no domingo. Ela quer que as lembranças desse dia sejam especiais.

Meu único receio, à medida que escrevo estas palavras, é que algumas pessoas entendam o que estou dizendo como mais um fardo para uma vida já sobrecarregada. É preciso saber distinguir opções e sugestões de mandamentos bíblicos. Em geral, as pessoas não fazem isso muito bem. Quem está sobrecarregado aceita qualquer sugestão, sem levar em conta a particularidade de sua situação. As sugestões são apenas possibilidades, opções.

A Bíblia descreve o povo fariseu da seguinte forma: "'Eles atam fardos pesados e os colocam sobre os ombros dos homens, mas eles mesmos não estão dispostos a levantar um só dedo para movê-los'" (Mateus 23.4). Você pode achar que cereais frios, canela em rama e rosquinhas são mais apropriados ao café da manhã de sua família no domingo. Por favor, use essas idéias e sugestões da melhor forma para a sua família. Se alguma delas ajudá-la a preparar e a desfrutar melhor a manhã de domingo, ficarei feliz.

Depois de criar o mundo em seis dias, nosso Criador ficou satisfeito com o que fez e descansou. Deuteronômio 5.13 e 14 instrui: "'Trabalharás seis dias e neles farás todos os teus trabalhos, mas o sétimo dia é um sábado para o SENHOR, o teu Deus'". Na fé, vive-se o equilíbrio entre o descanso e o trabalho. Os benefícios e as recompensas são vistos com o passar do tempo. Os seis dias de trabalho árduo e concentrado são válidos e produtivos por causa do único dia em que há uma mudança total de ritmo, em que há descanso e adoração.

Devemos experimentar. Talvez o cansaço e a fadiga sejam conseqüências de se trabalhar como um louco e descansar apenas nas duas semanas ao ano que chamamos de férias. Deus prescreveu um programa equilibrado de trabalho e descanso que inclui o sábado, o dia da semana reservado ao descanso e à adoração. Os americanos, em geral, são muito trabalhadores. Outras sociedades ocidentais possuem muito mais intervalos de descanso nos feriados de seu calendário anual. Uma boa maneira de começar é incorporar a tradição espiritual de honrar o sábado. Isso não quer dizer que se deve ser legalista e seguir as leis judaicas de não realizar nenhum trabalho no sábado, mas sim reservar um tempo para descansar o corpo e a alma e adorar a Deus.

O Novo Testamento descreve três tradições espirituais para a igreja: a primeira, os cristãos reúnem-se regularmente; a segunda, eles, ao celebrar a ceia do Senhor, relembram a morte do Senhor por nós; e a terceira, participam do batismo, identificando-se com Jesus Cristo e seu povo. Acrescentamos nossos costumes e nossas tradições espirituais para que nos ajudem a manter concentrados em nosso relacionamento com o Senhor Jesus Cristo.

Mas eu e a minha família serviremos ao SENHOR.

— JOSUÉ 24.15

Depoimentos sobre a igreja

Assim que meus irmãos e eu aprendemos a ler, mamãe começou a fazer o nosso "diário bíblico". Começando com os dois livros da Bíblia mais parecidos com contos, Rute e Ester, ela instruiu-nos a ler um capítulo por dia. No meu diário, eu marcava a data, o capítulo lido e resumia o capítulo em uma única sentença. Depois, escrevia uma palavra do capítulo que não tinha entendido e seu significado, que copiava de um dicionário. Por fim, copiava um versículo favorito do capítulo em um caderno. Isso se tornou uma prática matutina. Quando terminava um caderno, começava outro. Hoje, ainda retorno à prática do diário bíblico em meio a outros estudos. Minha coleção de cadernos começou quando tinha 6 anos de idade e é um testemunho do meu crescimento tanto no estudo das Escrituras como em meu relacionamento com o Senhor.

As tardes de domingo em nossa casa representavam uma refeição especial juntos. Mamãe preparava com antecedência um prato de cozimento lento, que colocava no forno ou na assadeira elétrica, antes de sairmos para a igreja. Toda semana, quando voltávamos para casa depois do culto, éramos recebidos pelos deliciosos aromas dos pratos suntuosos. Era maravilhoso sentarmos juntos à mesa, muitas vezes com amigos, mas sem os compromissos da semana que costumavam nos separar.

Quando estava na faculdade, lembro que, em muitos domingos, quase caía no sono durante o culto porque tinha ido me deitar tarde na noite anterior. Agora, tornou-se uma tradição em nossa família ir para a cama em um horário adequado no sábado à noite.

Em nossa família, memorizávamos os livros da Bíblia aos 5 anos de idade, para podermos manuseá-la com mais facilidade. Minha mãe, todos os dias, recitava cinco livros seguidos até podermos repeti-los. Depois, os cinco livros seguintes eram adicionados à repetição. Quando conseguíamos recitar os 66 livros em ordem, toda a família reunia-se para a apresentação. O prêmio que meus pais nos davam por memorizar os livros da Bíblia era uma Bíblia completa só para nós.

Depois do jantar e dos banhos, os oito filhos, todos de pijama, reuniam-se na sala de estar enquanto papai ou mamãe lia a Bíblia por meia hora. Muitas vezes, alguém fazia uma pergunta que despertava conversas interessantes sobre a aplicação das Escrituras em nossa vida diária. Como era ainda pequena, costumava cair no sono durante a leitura. Era muito aconchegante cair no sono, cercado pela família, na presença do Senhor.

Nossa igreja contratou um pastor auxiliar para integrar a equipe. Quando a decisão se tornou oficial, os membros da congregação começaram a se corresponder com o pastor e sua esposa durante os meses em que estavam de mudança para nosso estado. Como em um namoro, a troca de cartas e e-mails ajudaram todos a se conhecer melhor. Quando chegaram a nossa cidade, o casal encontrou, em sua nova casa, uma cesta cheia de vale-presentes de loja de material de construção, jornal, coleta de lixo e restaurantes. Um mapa acompanhava os cupons com as atrações daquela área. Um cartão de chamadas telefônicas foi incluído com um bilhete, para que mantivessem o contato com os amigos da cidade de origem, e foi fornecida uma relação com vários números de telefone de membros da igreja com um convite para que os usassem sempre. A cesta, um presente de boas-vindas viável e muito satisfatório, tornou-se um costume de receber novos membros em nossa igreja-família.

Dependendo da programação de trabalho de meu pai, nossa família se reunia para as devoções, às vezes, de manhã, outras vezes, no almoço e, quase sempre, antes de dormir. Meu pai lia um capítulo do Antigo Testamento, um de Salmos, um de Provérbios e um do Novo Testamento. Depois, ensaiávamos as Escrituras que já havíamos memorizado e praticávamos os versículos novos que estávamos estudando. Desde pequenos, com nossos pais, memorizávamos um versículo por vez, de passagens clássicas, como os Dez Mandamentos, João 1, Lucas 2 e Mateus 2, 1Coríntios 13, Salmos 23, Salmos 100 e outras. Cantávamos hinos especiais para as crianças pequenas e orávamos em voz alta, começando pelo mais novo até o mais velho. A parte que eu mais gostava era o final, quando papai, em oração, pedia uma bênção bíblica para a família, como Números 6.24-26, Salmos

28, Efésios 3.14-21 e Hebreus 12.1-3. Essas reuniões ensinaram-nos sobre a Bíblia e eram eventos familiares divertidos de nossa vida diária.

Quando era adolescente, às vezes, minha mãe sofria, achando que sua fé não era verdadeira porque aceitara Jesus Cristo muito cedo na vida. Quando cada um de seus quatro filhos aceitou a Cristo, mamãe tratou nosso "nascimento" espiritual como um grande acontecimento. Ela filmou cada filho contando sua história. A celebração anual de nosso nascimento espiritual inclui bolo, decorações e os vídeos gravados.

Toda semana, meu pai levava um dos filhos para tomar café da manhã no único restaurante da cidade, uma pequena lanchonete. A garçonete conhecia-nos tão bem que já trazia uma xícara de café para meu pai e chocolate quente para mim, sem termos de fazer o pedido. Em nossa conversa matutina, papai fazia quatro perguntas: "Como você está?", "Como está seu relacionamento com as outras pessoas em nossa família?", "Como vão seus estudos, e suas metas, e seus sonhos?" e "Como está seu relacionamento com o Senhor?". Adorava esses programas com papai. Agora, levo meus filhos para tomar o café da manhã. Converso semanalmente com meu pai, e ele ainda faz as mesmas perguntas que ajudam a manter o controle de minha caminhada cristã.

Estou em uma lista de mala direta para receber, ocasionalmente, cartas de um missionário que considero um mentor espiritual. Corto partes dessas cartas para usá-las como marcadores de página na Bíblia, a fim de me lembrar e meditar sobre essas palavras encorajadoras.

"Provem, e vejam como o SENHOR é bom" (Salmos 34.8), era o lema de meus pais. Toda noite, enquanto nossa família comia sobremesa, meu pai lia a Bíblia em voz alta. Como se faz para ensinar uma criança a ler, passávamos a Bíblia de mão em mão, e cada um lia dois versículos e passava o capítulo para o próximo continuar a ler. Todos se sentiam importantes no processo da leitura diária da Palavra de Deus.

Por causa da carreira de meu pai em esportes profissionais, a Páscoa era um feriado inexistente, já que todos saíam ou viajavam naquela semana. Minha mãe começou uma tradição chamada "caminho do calvário". Todo dia, durante a semana anterior à Páscoa, líamos os capítulos da Bíblia que descreviam a última semana de Jesus antes da crucificação. Na manhã de Páscoa, corríamos um para o outro e proclamávamos: "Ele ressuscitou!". Então recebíamos a resposta: "De fato, ele ressuscitou!". Minha mãe pintava uma faixa colorida dizendo: "Ele ressuscitou!", e pendurava-a todo ano na manhã de Páscoa. Nossa celebração da Páscoa assinalava a importância da ressurreição em nossa fé, independentemente de onde estivéssemos ou do que acontecesse em nossa vida.

Quando tive meu primeiro filho, as manhãs de domingo não eram nada calmas, pois meu marido e eu corríamos para aprontar a nós mesmos e nosso bebê a tempo para irmos à igreja. Fatalmente, acabávamos entrando na perua em um estado pouco espiritual. Frustrada, lembrei-me de minha própria infância e de como meus pais conseguiam tornar o domingo agradável. No sábado à noite, minha mãe certificava-se de que todos estivessem de banho tomado e separava a roupa e os sapatos, para o dia seguinte. Como chefe da casa, meu pai exemplificava que a igreja era importante, sendo o primeiro a se levantar na manhã de domingo e acordar o restante da família com bastante antecedência para que nos aprontássemos. Adotando as tradições dominicais que meus pais usavam, meu marido e eu tornamos o domingo um dia agradável para nossa família.

Meus pais levavam a sério a parte sobre o domingo ser um dia de descanso. Passávamos as tardes brincado de jogos de tabuleiro dentro de casa ou de beisebol fora de casa. Nossa família lia os livros em voz alta e fazia caminhadas para alimentar os patos e apreciar a criação de Deus.

Quando eu era criança, as igrejas faziam regularmente os cultos aos domingos à noite e incluíam aulas de estudo, momentos de oração, relatos dos missionários que retornavam do campo, cultos vespertinos ou grupos de coral itinerantes. Os cultos vespertinos eram informais e divertidos. Hoje, os cultos vespertinos aos domingos são quase coisa do passado, mas nossa família usa esse tempo para fazer reuniões divertidas com os amigos e visitantes.*

Tomando o pão, deu graças, partiu-o e o deu aos discípulos, dizendo: "Isto é o meu corpo dado em favor de vocês; façam isto em memória de mim".

— LUCAS 22.19

* Os cultos dominicais vespertinos não são atualmente uma tradição nas igrejas da América do Norte. [N. do E.]

PARTE III

A igreja, uma família disfuncional

CAPÍTULO

11

A igreja e seus conflitos

O olho não pode dizer à mão: "Não preciso de você!" Nem a cabeça pode dizer aos pés: "Não preciso de vocês!" Ao contrário, os membros do corpo que parecem mais fracos são indispensáveis, e os membros que pensamos serem menos honrosos, tratamos com especial honra. E os membros que em nós são indecorosos são tratados com decoro especial, enquanto os que em nós são decorosos não precisam ser tratados de maneira especial. Mas Deus estruturou o corpo dando maior honra aos membros que dela tinham falta, a fim de que não haja divisão no corpo, mas, sim, que todos os membros tenham igual cuidado uns pelos outros. Quando um membro sofre, todos os outros sofrem com ele; quando um membro é honrado, todos os outros se alegram com ele. Ora, vocês são o corpo de Cristo, e cada um de vocês, individualmente, é membro desse corpo.

— 1 Coríntios 12.21-27

Os conflitos geralmente começam com um grupo de pessoas que se aborrece com a liderança ou com a administração da igreja. Os membros ficam irritados quando não compreendem tudo o que está acontecendo na congregação. A solução é impedir que desentendimentos normais atinjam um nível explosivo e provoquem a separação da igreja.

No ano em que eu e Luis nos casamos, o conselho missionário ao qual nos juntamos achou que deveríamos experimentar a vida em uma igreja norte-americana primeiro, antes de partirmos para servir na América Latina. Fomos enviados a uma pequena congregação na área da baía de São Francisco. Nossa tarefa era servir onde fosse necessário. Afinal, tínhamos treinado e estávamos prontos!

A verdade é que éramos jovens e imaturos. Nenhum de nós, especialmente eu, envolvera-se antes em um conflito da igreja. Na noite da grande reunião congregacional, comparecemos para "pensarmos juntos" e resolvermos rapidamente a questão. A lembrança mais forte que ficou, mesmo depois de quarenta anos, é de ter sido muito desagradável. A filha adolescente do pastor, sentada em uma cadeira, gritou: "Você não pode falar sobre meu pai dessa maneira! Ele ama seu povo. Ele ora por você!", e saiu batendo o pé. Que jeito de começar uma vocação no serviço cristão!

Aprendemos que, individual e coletivamente, os cristãos são obras inacabadas e muito do que se mostra como igreja, só existe no nome. Aprendemos que a pacificação é um dom do Espírito Santo, que está em falta, mas a carnalidade é direta e extremamente feia. As motivações da liderança podem ficar comprometidas.

No domingo de manhã, muitos cristãos se perguntam: "Por que devo ir à igreja diante de... ?" (complete a sentença com um conflito que está acontecendo na sua igreja). Muitos cristãos, embora não percam a fé, saem da igreja certos de que podem crescer mais espiritualmente se estiverem longe dos problemas que afligem o corpo reunido de cristãos. Alan Jamieson, autor do livro *A Churchless Faith* [Fé sem igreja], chamou essa tendência dos cristãos de "pós-congregacional".

A igreja está repleta de pessoas com suas imperfeições, peculiaridades, defeitos e inseguranças, um terreno fértil para o conflito. No entanto, Jesus Cristo estabeleceu a igreja para o nosso bem! Afastar-se completamente dela é como jogar a água da banheira com o bebê dentro.

Não há nada de novo

As disputas e divisões faziam parte da igreja do século 1º. Jesus, João, Paulo e Pedro dedicaram boa parte do Novo Testamento instruindo os cristãos a buscarem o entendimento. Hebreus 10.24 e 25 exorta: "E consideremos uns aos outros para nos incentivarmos ao amor e às boas obras. Não deixemos de reunir-nos como igreja, segundo o costume de alguns, mas procuremos encorajar-nos uns aos outros, ainda mais quando vocês vêem que se aproxima o Dia".

Para que não nos choquemos muito com disputas, escândalos e discussões na igreja, lembre-se de que não se trata de um fenômeno recente. Problemas sérios nas congregações que havia implantado inspiraram as cartas de Paulo. Apesar das disputas e dos escândalos públicos na igreja de Corinto, Paulo endereçou sua carta: "à igreja de Deus que está em Corinto, aos santificados em Cristo Jesus e chamados para serem santos, juntamente com todos os que, em toda parte, invocam o nome de nosso Senhor Jesus Cristo, Senhor deles e nosso" (1Coríntios 1.2). A igreja sempre foi composta de pessoas inquisitivas, imaturas e imperfeitas, mas perdoadas pelo Senhor.

Até nos tempos de Paulo, as pessoas eram propensas a abandonar o tempo que passavam juntas regularmente. Imagine isso! Que contemporâneo! Salomão disse: "O que foi tornará a ser, o que foi feito se fará novamente; não há nada novo debaixo do sol" (Eclesiastes 1.9). Pensamos que só nós, no século 21, temos problemas urgentes, menos necessidade de congregar e centenas de outras desculpas para não freqüentarmos a igreja.

Precisamos tratar seriamente a desarmonia na igreja, porque é isso o que Deus faz. Seu Filho morreu para formar a Igreja e tornar possíveis as suas diversas congregações. Satanás e seus lacaios estão sempre espalhando, em toda parte, a notícia de nossas discórdias. Ao visitar pequenas cidades, fico espantada com a boa memória que as pessoas têm de detalhes terríveis sobre quem disse, ou fez, o que e quando na comunidade da igreja.

Falar bem da família de Deus em nossa cidade é um privilégio, e isso faz que as pessoas almejem o que nós encontramos na igreja: Jesus, nosso Salvador, e o céu, a nossa casa eterna. Concentre-se nos aspectos positivos; entregue os negativos a Jesus Cristo e confie nele. Se você for um conselheiro ou diácono, então deve agir, mas, como cristão individual siga o Novo Testamento para lidar com os problemas e as questões e ore pelos que possuem autoridade.

Quando nos reunimos, encorajamos uns aos outros, às vezes somos pegos em flagrante, prometemos mudar, praticamos atos espontâneos de bondade e, em nossa união, esforçamos-nos para ser mais parecidos com aquele em cujo nome nos encontramos: o Senhor Jesus Cristo. Há disciplinas que são praticadas apenas na comunhão com outros cristãos e é quando eles mais crescem. De forma singular, nós nos beneficiamos de nossas reuniões: "'Pois onde se reunirem dois ou três em meu nome, ali eu estou no meio deles'" (Mateus 18.20).

Viver lá no alto com os santos que amamos,
Pois sim, será a maior glória!
Viver cá embaixo com os santos que conhecemos,
Já é outra história.

— Anônimo

Depoimentos sobre a igreja

Basta estar vivo e respirando para ofender e ser ofendido. A questão é que negligenciar a igreja é uma grande insensatez. A igreja é uma entidade frágil, como um móbile de berço com muitos "braços" soltos e suscetíveis ao menor movimento do ar. A igreja não apenas reflete a esperança pela qual Jesus Cristo veio à terra e morreu, mas as necessidades paradoxais de seus peregrinos que tanto são sal e luz e, ao mesmo tempo, extremamente carentes e irresistivelmente frágeis.

Quando a igreja está enfrentando problemas, oro profusamente pela situação. Depois que a nova liderança mudou a estrutura de nossa igreja, vários membros oraram a respeito, aguardaram e, por fim, se reuniram para reestruturá-la embasados nas Escrituras. Era essencial que não nos opuséssemos. Oramos e esperamos o momento propício, até que Deus abriu a porta para as mudanças. Durante os anos de espera e oração, fixei-me no Senhor, na Bíblia e em encontrar o que fosse melhor para o corpo de nossa igreja.

Eu e mais três integrantes do grupo de mulheres ficamos preocupadas quando o conselho da igreja emitiu uma carta dizendo quem participaria ou não do grupo. As novas regras deixaram algumas mulheres fora do círculo. Fui conversar com o pastor e disse que estávamos preocupadas com a exclusão de algumas senhoras, mas ele acusou-nos de fazer fofoca. Embora tivéssemos lhe garantido que isso não acontecera, uma integrante de nosso grupo foi tirada do corpo docente da escola bíblica, e o pastor e sua família afastaram-se de nós três e de nossas famílias. Uma a uma, abandonamos a igreja e buscamos outra mais acolhedora.

O episódio deu início a uma investigação por parte do conselho, e este descobriu que várias famílias haviam sido prejudicadas de forma semelhante. Durante uma série de reuniões, o conselho confrontou o pastor e ele acabou recuando.

Dois livros, Toxic Faith [Fé venenosa] e Churches That Wound [Igrejas que machucam], ajudaram-me a entender que o corpo da igreja é formado de pessoas nada perfeitas que, às vezes, controlam, autorizam certas atitudes, discriminam e traem. Em outras palavras, a igreja é feita de pessoas que precisam de um Salvador.

A realidade da igreja é que somos incluídos em um grupo de pessoas que não conhecemos. Nosso único denominador comum é Jesus Cristo. O conflito é uma oportunidade de colocar os difíceis mandamentos da Bíblia em prática, sujeitando-nos uns aos outros, perdoando-nos e considerando os outros mais importantes que nós mesmos. O conflito é uma oportunidade de praticar a graça.

A música é um dos pontos mais comuns que causa divisão nas igrejas que freqüento. Vi pessoas abandonarem a igreja porque a música era muito desatualizada, e outras deixarem a congregação porque ela era muito contemporânea. Há controvérsias quanto ao uso de alguns instrumentos, como a bateria, na adoração e ao comportamento de bater palmas ou levantar as mãos durante a canção. Algumas igrejas tentaram fazer um culto com hinos, e outro para os que preferem estilos contemporâneos.

Como músico profissional, fui convidado a assumir o cargo de ministro de música em minha igreja. Imediatamente, as pessoas começaram a fazer pressão para impor o estilo de música que consideravam apropriado ao culto. Fiz o possível para incluir todos os pedidos, tornando nossa música uma mistura eclética de hinos e composições contemporâneas.

Conta-se que um cristão foi visitar um fazendeiro para conversarem sobre Jesus Cristo. O fazendeiro declarou:

— Não irei à igreja. Conheço dois vizinhos que se dizem cristãos e vivem exatamente como eu. Sou tão bom quanto eles. A igreja está cheia de hipócritas.

Meses depois, o cristão foi comprar um porco do fazendeiro. Este mostrou os melhores animais que tinha, mas o cristão escolheu um nanico.

— Tem certeza de que quer este? É o pior da ninhada.

— Tenho — respondeu o cristão. — Agora, o que você acharia se eu levasse este porquinho e dissesse a todos que é este tipo de porco que você cria?

— Não é justo! — protestou o fazendeiro. — Tenho ótimos porcos. Você não pode me julgar por esse nanico!

E o cristão respondeu:

— Se é justo para a igreja, é justo para os porcos!

Costumamos julgar a igreja pelos hipócritas, como se todo cristão o fosse. Se você olhar apenas para os defeitos de seus irmãos cristãos, estará fazendo exatamente o que Abraão Lincoln disse: "Se buscares a maldade nas pessoas, certamente a encontrarás". Sempre que desviar os olhos de Jesus Cristo e os fixar nas pessoas, você encontrará mágoa e decepção.

Em uma pequena vila de pescadores na costa do Mar do Norte na Escócia, uma disputa dividiu uma família fazendo que cada parte freqüentasse igrejas diferentes. Durante décadas, quando um irmão avistava o outro, atravessava a rua para não ter de conversar. Depois de trinta e cinco anos, as causas do conflito desapareceram, mas a vila assistiu à incapacidade da igreja para resolver o problema. Não é de admirar que Jesus orasse com tanto fervor uma semana antes de sua morte para que fôssemos como um só corpo, assim como ele é um com o Pai: "'... que todos sejam um, Pai, como tu estás em mim e eu em ti. Que eles também estejam em nós, para que o mundo creia que tu me enviaste'" (João 17.21).

Como vivo numa comunidade muito pequena, não tenho a opção de ir para outra igreja. Essa limitação me faz apreciar o privilégio de ir à igreja e me encoraja a ajudá-la a trabalhar unida. Assim como no casamento, a igreja nem sempre supre as nossas necessidades, mas essa não é sua função. Se nos fixarmos nas necessidades dos outros e em servir a Jesus Cristo, nossa atitude diante da igreja melhorará muito.

O conflito começa com um grupo de pessoas descontentes. Para evitar que desentendimentos normais se transformem em uma tempestade, encorajo os descontentes a exporem o problema diretamente para a pessoa que os desagradou, como ensina a Bíblia em Mateus 18.15-17: "'Se o seu irmão pecar contra você, vá e, a sós com ele, mostre-lhe o erro. Se ele o ouvir, você ganhou seu irmão. Mas se ele não o ouvir, leve consigo mais um ou dois outros, de modo que 'qualquer acusação seja confirmada pelo depoimento de duas ou três testemunhas'. Se ele se recusar a ouvi-los, conte à igreja; e se ele se recusar a ouvir também a igreja, trate-o como pagão ou publicano'". O objetivo é esclarecer o mal-entendido antes que outras pessoas acabem envolvidas na situação. A intriga morrerá na praia. O cristão espiritualmente maduro não deseja qualquer intriga.

Sempre imagino como, em uma igreja, os dois lados de uma disputa podem alegar enfaticamente que fazem "a vontade do Senhor" e, ao mesmo tempo, disporem-se a fazer tudo para defender seu "entendimento". Alguém deve estar recebendo e transmitindo a mensagem errada.

É difícil trabalhar com pessoas que possuem opiniões diferentes das nossas, pois o conflito pode surgir rapidamente. Entretanto, o Senhor nos convida a buscá-lo, pois ele nos dará repouso. Toda semana vou à igreja para descansar no Senhor e fazer isso com outras pessoas que também vão à casa de Deus. Descansando juntos nos bancos, somos como as pedras vizinhas do templo de Deus, assentadas lado a lado.

Samuel é meu exemplo em tempos de conflito. Muito embora o povo de Israel estivesse habituado a se afastar de Deus, Samuel perseverou em sua tarefa, orando com obstinação e ensinando aqueles que estavam perdidos espiritualmente. A solução de um conflito começa com nossa própria determinação espiritual. Minha tarefa é orar, encorajar as pessoas em sua caminhada espiritual e servir dentro da igreja. Devo ser espiritualmente disciplinado para ganhar o direito de ser ouvido.

Os diáconos de nossa igreja promoveram uma série de workshops para tratar de questões como raiva, alcoolismo, doenças crônicas e depressão. Os membros da congregação que tinham experiência nessas áreas apresentaram os tópicos; depois, houve um momento para perguntas e respostas e, por fim, um tempo de oração. De repente, os membros de nossa igreja começaram a entender a luta que algumas pessoas travavam todos os dias e por que elas reagiam e se comportavam daquela forma. Esse processo reduziu a quantidade de conflitos que ocorriam na igreja.

Depois de passar anos no campo missionário, ávido por retornar ao culto e aos ensinamentos da igreja, fico espantado com os conflitos que ocorrem dentro da casa do Senhor em meu país. As pessoas não dão valor à liberdade que temos de adorar coletivamente.

Completei todo o ciclo de uma jornada muito perigosa. A igreja que freqüentava há vários anos teve dois casos de perda de um grande público em razão de uma liderança interesseira e imatura. As conseqüências foram devastadoras. Muitos cristãos maduros e verdadeiramente dedicados foram neutralizados e afastados, e muitos levaram anos para tornar a se unir ao corpo em um compromisso relevante, até mesmo eu. Por que um forte e dedicado seguidor de Cristo é tão vulnerável a tais choques em que as autoridades deixam de liderar de maneira santa? Será que somos tão frágeis que não conseguimos superar essas experiências sem sofrer um abalo espiritual?

Foi realmente uma grande surpresa ver pessoalmente o quanto nós ficamos debilitados, paralisados, intimidados e relutantes ao retornar à tona. Sou grato pela igreja maravilhosa na qual aportei, pois ela me desafia e me ama. Sinto-me seguro e confiei minha vida novamente a Jesus Cristo. Alguns de meus amigos ainda estão tentando encontrar uma família estável em uma igreja.

Vou à igreja para orar e adorar a Jesus, e nada pode me impedir de fazer isso, por mais revoltada que eu possa estar com a forma de os assuntos serem tratados. Devo concentrar-me na majestade eterna do Senhor Jesus Cristo, e não nos conflitos mundanos comuns a todo tipo de ajuntamento de pessoas, incluindo aqui o da igreja.

> *Assim como cada um de nós tem um corpo com muitos membros e esses membros não exercem todos a mesma função, assim também em Cristo nós, que somos muitos, formamos um corpo, e cada membro está ligado a todos os outros.*
>
> — Romanos 12.4,5

CAPÍTULO

12

A igreja e a reconciliação

Sempre que abandono a igreja por um tempo, sou eu quem sofre. Fico cada vez mais frio, em vez de quente. Minha fé se enfraquece, e a dura carapaça da falta de amor volta a crescer. Por isso, minhas jornadas fora da igreja sempre terminam com a volta para ela.

— PHILIP YANCEY

Como corpo de Cristo, a igreja realiza melhor sua função quando funciona como um centro de traumas para emergências emocionais e espirituais. Isso pode incluir tratamento para corações partidos, abalos causados por calamidades, estados de choque, relacionamentos desgastados, negligência verbal e auto-estima dilacerada.

Jesus sabia que seus seguidores enfrentariam muitos conflitos. Na noite anterior à crucificação, numa conversa com seu Pai, ele orou pelas gerações futuras que viriam a crer nele. Mais de uma vez, Jesus mencionou o grande conflito pela unidade: "'Pai santo, protege-os em teu nome, o nome que me deste, para que sejam um, assim como somos um'" (João 17.11).

Disse ainda: "'Minha oração não é apenas por eles. Rogo também por aqueles que crerão em mim, por meio da mensagem deles, para que todos sejam um, Pai, como tu estás em mim e eu em ti. Que eles também estejam em nós, para que o mundo creia que tu me enviaste'" (João 17.20,21). O mundo é mais propenso a crer quando vê a unidade na igreja.

Jesus conhecia-nos muito bem. Ele orou pela nossa unidade sabendo que nem sempre faríamos o que é melhor. Depois que Simão Pedro afirmou claramente a divindade de Cristo, Jesus prometeu: "'E eu lhe digo que você é Pedro, e sobre esta pedra edificarei a minha igreja, e as portas do Hades não poderão vencê-la'" (Mateus 16.18). O compromisso vem do Senhor. Ele se importa com a igreja, deu a vida por ela, não apenas por nós, como indivíduos, mas por todos os cristãos reunidos de todas as nações e gerações.

> *Levamos apenas alguns segundos para causar uma ferida profunda nas pessoas que amamos, mas elas levam anos para se curar.*
>
> — Boletim de uma igreja

Depoimentos sobre a igreja

Uma jovem aceitou a Jesus Cristo como seu Salvador durante o culto da igreja. Embora seu passado fosse manchado por álcool, drogas e prostituição, a mudança que Cristo operou em usa vida ficou logo evidente. Ela envolveu-se profundamente com o ministério e a instrução das crianças, tornando-se um membro fiel da igreja, e acabou por apaixonar-se pelo filho do pastor. Quando começaram a fazer planos de casamento, muitos membros acharam que uma mulher com aquele passado não era adequada para se casar com o filho do pastor.

Foi marcada uma reunião da igreja. Conforme as pessoas apresentavam seus argumentos e a tensão aumentava, o passado da jovem ficou exposto diante de todos, e ela começou a chorar. O filho do pastor levantou-se e disse: "Não é o passado da minha noiva que está em jogo. Vocês estão questionando a capacidade do sangue de Jesus de lavar o pecado. Hoje, vocês julgaram o sangue de Cristo. Afinal, ele lava ou não o pecado?".

Muitas vezes, usamos o passado como arma contra nossos irmãos e nossas irmãs. O perdão é um elemento fundamental do evangelho de Jesus Cristo. É por isso que ele é chamado de boas-novas. Em 2Coríntios 5.17 lemos: "Portanto, se alguém está em Cristo, é nova criação. As coisas antigas já passaram; eis que surgiram coisas novas!".

Em relação ao conflito e ao pecado, nossa igreja aderiu a um conjunto de padrões em que as questões particulares eram tratadas particularmente, e as públicas, publicamente. As questões particulares eram resolvidas reservadamente entre a equipe da igreja e a pessoa envolvida. Se o conflito ou pecado fosse público, se aparecesse no jornal, então se tornava público diante da congregação.

Os ânimos afloraram e nossa igreja acabou envolvida em um grande mal-entendido que causou sua divisão. Embora tenha sido convidado a me retirar do conselho, minha esposa e eu permanecemos na igreja. Foi difícil, mas sentimos que Deus nos queria ali. Demorei anos para encontrar uma prova concreta de que agira em obediência. Não nos arrependemos de termos ficado até o fim.

Como membro da equipe de adoração da igreja, descobri que, todos os domingos, observava a congregação e julgava as pessoas que ali estavam. Acabei por me distrair tanto com o que acontecia na vida dessas pessoas que isso prejudicou meu tempo de adoração com o Senhor. Um dia, durante meu tempo de oração e leitura da Bíblia, o Senhor lembrou-me de que não me chamara para julgar meus irmãos, e sim para amá-los. Mudar de atitude em relação aos outros ajudou-me a perdoar as pessoas em minha igreja e reconciliar-me com elas, embora muitas delas nem mesmo sabiam que eu as julgava.

Depois que a nossa igreja passou anos sem crescer, com pessoas que ingressavam e logo abandonavam, o conselho convidou um ministro de fora para avaliar a situação. Veio à tona um histórico de não resolução de problemas, e a liderança começou a tratar dos conflitos de maneira saudável. Foi bom buscar conselho de fora.

Três princípios ajudaram nossa igreja na questão da reconciliação. Primeiro, as pessoas precisavam deixar a igreja toda semana, dizendo: "Ouvi sobre Cristo, e não sobre uma organização ou personalidade". Segundo, a igreja é um ministério para o povo. Terceiro, os membros da igreja eram comprometidos uns com os outros, face a face, vida a vida, pessoa com pessoa e coração com coração.

Toda igreja possui áreas de ministério em que se sobressai. Nossa igreja atraía freqüentadores de igreja que estavam feridos e pessoas que haviam abandonado suas igrejas, e leigos e líderes que haviam se afastado de suas congregações. A igreja é a única instituição que fere seus próprios doentes, não no pé, mas no coração.

Nosso pastor sabia que os feridos precisam encontrar um lugar para se curar e que era preciso um período de seis meses a um ano antes de ficarem prontos para retornar ao ministério. Esses guerreiros feridos precisavam de um ombro amigo que os ouvisse. Eles precisavam que os outros orassem por eles em sua jornada de cura e os desafiassem a examinar sua própria contribuição para o fracasso. Eles precisavam de tempo para assimilar seus sentimentos de raiva e traição, sem a pressão de servir.

A Bíblia descreve os cristãos como vasos que, às vezes, estão cheios; e, outras vezes, são derramados; e outras vezes ainda ficam ali quietinhos na prateleira. A graça é o bálsamo de Gileade para uma alma ferida.

O conflito causou uma dolorosa divisão na igreja levando muitos de nossos cristãos a abandonarem por um bom motivo. Todavia, Deus é mestre em usar todas as situações para o bem. Quando a igreja primitiva sofreu perseguição, e os cristãos foram espalhados, Deus usou essa circunstância para levar o evangelho a todo o mundo. Da mesma forma, os cristãos que, agora, deixam nossa comunhão são como sementes espalhadas, levando o evangelho para fora do país e provando que Deus realmente realiza grandes obras e bênçãos por meio dessas experiências decepcionantes.

Um membro da liderança de nossa igreja caiu na imoralidade e, com profundo pesar, o pastor apresentou a situação diante da congregação. Depois do arrependimento, o conselho tirou essa pessoa da liderança, mas pediu que permanecesse na igreja. Passados vários anos, depois de demonstrar crescimento espiritual, a congregação reempossou o antigo líder com uma grande festa. Nossa igreja resignou-se à promessa do evangelho de uma segunda chance.

Ciente das situações trágicas que se tornaram manchetes de jornal, nossa igreja estabeleceu uma política de fazer uma verificação no histórico de qualquer pessoa que fosse ministrar aulas ou supervisionar as crianças. Mais vale prevenir que remediar.

A Bíblia encoraja os cristãos a serem pessoas melhores. Durante a vida toda, vi muitos conflitos dentro do corpo da igreja. Agora, posso dizer que permanecer fiel à igreja, durante seus altos e baixos, valeu a pena.

Durante as tempestuosas décadas de 1960 e 1970, minha esposa e eu lutamos para manter meu cargo de tesoureiro da igreja, enquanto lidávamos com a má conduta de nossos filhos adultos. Nossa família atuava nessa igreja havia muitos anos, por isso, houve controvérsia quando o pastor me pediu para sair, porque meus filhos não estavam seguindo a Jesus Cristo. Embora tenhamos ficado arrasados, minha esposa e eu resistimos ao impulso de abandonar a congregação completamente. Criamos, da melhor maneira possível, nossos filhos no seio e no temor do Senhor, mas não pudemos controlar o comportamento deles quando se tornaram adultos. Anos depois, o pastor partiu para os braços do Senhor, nossos filhos voltaram para o rebanho, e minha esposa e eu somos líderes seniores na comunhão da igreja que continuou a ser nossa família.

Em meio a conflitos entre irmãos cristãos, raramente pensamos na dor que Deus deve sentir. Observar nossos próprios filhos brigarem pode dar-nos uma idéia de como deve ser doloroso para nosso Pai celestial quando seus filhos discutem. Como viveremos na eternidade se nos odiamos na terra? A origem do rancor muitas vezes é o pecado. Nosso primeiro passo para a reconciliação é orar e nos arrepender de nossos próprios erros, incluindo o orgulho e o receio de mudar. Em meio à diversidade de nossos dons e serviços concedidos por Deus, o Senhor nos ordena a viver em unidade. Ele nos dá graça e amor para realizar essa tarefa.

Sou pastor há mais de quarenta anos. As pessoas me dizem que não querem mais freqüentar a igreja porque ela deixou de atender às suas necessidades em situações difíceis, como o desemprego. Amarguradas, elas a rejeitam. Também há pessoas que aparecem buscando uma solução, por causa de doença ou em momentos de crise. Elas permanecem até a crise passar e depois vão embora, porque não encontraram a resposta que queriam, ou exatamente porque a encontraram. Quando uma pessoa vem à minha igreja pedindo ajuda, digo: "A igreja não está aqui para resolver seus problemas, mas para acompanhá-la, instruí-la a conhecer Jesus Cristo de forma que você encontre suas próprias respostas".

Tenho amigos que respeito muito e cujas opiniões diferem das minhas. Concordamos em não tocar nesses assuntos, mas apenas nos amar. Ao crescer na fé, podemos tornar-nos inflexíveis e defensivos ou amar traçando alguns limites com cuidado. Para evitar as reações reflexas que normalmente geram os conflitos, o maior ato de amor que podemos fazer em uma comunhão com personalidades fortes e opiniões diferentes é esperar 24 horas antes de fazer um comentário ou reagir.

Durante uma fase difícil em nossa igreja, logo depois que nosso pastor morreu, alguns "amigos" cristãos (dois casais e um solteiro) ficaram ofendidos com o estilo de liderança do meu marido. Eles recusavam-se a conversar conosco, reclamaram ao outro pastor e insistiram com meu marido para que abandonasse completamente a liderança da igreja. Ele fez o que lhe pediram e tentou resolver o conflito com a ajuda do pastor, mas de nada adiantou. Cordial e conciliadora por natureza, cumprimentava-os sempre que os encontrava na igreja, mas eles me olhavam feio e passavam direto por mim. Foi extremamente doloroso para mim e meu marido. Os salmos tornaram-se nosso bálsamo.

Assumimos o compromisso de ir à igreja todo domingo, independentemente do que acontecesse, mas, às vezes, não era fácil e chorava silenciosamente durante o sermão. Todavia, durante esses anos, Deus ensinou-me a entrar em seu santuário, no sentido literal e figurado, rogando para que resguardasse meus pensamentos e purificasse minha adoração. Ele ensinou-nos a esperar por ele e sua obra, em vez de contar com nossos próprios esforços. Deus nunca nos ordenou a mudar de igreja nem eles, ou será que éramos muito obstinados para isso?

Graças a Deus permanecemos, pois, com o passar do tempo, ele mudou o coração deles e hoje somos amigos. Sou grata por ele ter curado e restaurado nosso relacionamento com esses irmãos em Cristo.

Revoltada com um traço da personalidade de meu pastor, deixei a igreja. Quando ele me procurou para saber qual era o problema, coloquei para fora meses de frustração contida enquanto o pastor me ouvia humildemente. Ele pediu desculpas, prometeu melhorar e convidou-me a voltar se assim o desejasse. Ele orou comigo para que o Senhor nos guiasse e foi embora. Foi um momento importante para mim, porque o pastor conversou com outras pessoas na igreja para saber em quais outras áreas ele poderia melhorar.

Meses depois, o Senhor mostrou-me que eu desejava que meu pastor tivesse minha orientação para os negócios, mas Deus criou-o para ser voltado para as pessoas. A igreja recebeu-me de volta e, um ano mais tarde, quando retornei, reempossou-me em meu ministério anterior. O pastor considerara minhas preocupações, eu estava amadurecida, e a igreja manteve a porta aberta para que eu pudesse voltar.

Foi uma lição importante que aprendi ao lembrar-me que as pessoas, às vezes, cometem um erro quando deixam a igreja. Devemos manter a porta aberta para que elas possam retornar. Mesmo que Deus leve alguém para outra igreja, não há motivo para tratar mal essa pessoa.

O mundo está ciente do ranço dos cristãos. As pessoas dizem: "Os cristãos não se entendem. Veja quantas denominações existem". Detalhes de debates e discórdia em nossas igrejas espalham-se rapidamente pela comunidade. Atividades desonestas em relação a dinheiro e má conduta sexual figuram entre as manchetes de TV, jornais e revistas. Conheço dois casos em que as igrejas foram divididas por motivos pouco honráveis. Depois que a poeira baixou, e os ânimos esfriaram, as congregações foram restauradas. Foi um alívio quando o jornal enviou um repórter para escrever uma matéria sobre a incrível reconciliação que reuniu duas congregações em uma.

Jesus é meu exemplo para a forma de reagir às pessoas feridas e ferinas. Enquanto as pessoas se esquivavam dos leprosos, Jesus tocou um deles. Quando os líderes religiosos quiseram apedrejar a mulher pega em adultério, Jesus, com compaixão, instruiu-a a não mais pecar. Quando as pessoas condenaram a prostituta que lavou seus pés, Jesus disse que ela seria lembrada por servi-lo. Jesus ofereceu graça.

> *"Pai, perdoa-me." É possível que essa seja a frase mais perfeita pronunciada no momento mais perfeito desde que Deus inventou a fala.*
>
> — Beth Moore,
>
> *Jesus, The One and Only* [Jesus, o único]

CAPÍTULO

13

Está na hora de ir embora?

Existem alguns motivos válidos para se deixar a igreja:

- *heresia sobre uma doutrina básica, como a divindade de Jesus Cristo ou a autoridade das Escrituras;*
- *imoralidade patente (seja roubo, adultério ou outra) não disciplinada, não resolvida ou ignorada (v. 1Coríntios 5.11);*
- *indiferença que ameace a vitalidade espiritual de seus filhos;*
- *iniciar uma nova fase na vida e mudar de endereço.*

— Luis Palau

Embora possamos nos retirar da igreja, podemos retirar a igreja de nós? Muitos aspectos de nossa cultura refletem a poderosa influência da igreja em nossa vida.

Domingo e igreja são teias que fazem parte da trama de nossa nação, muito embora muitos as tenham abandonado. As pessoas dizem: "Domingo está chegando", pensando na roupa que usarão no domingo. Quantos ainda ensinam às crianças a rima dos dedos entrelaçados: "Eis a igrejinha de torre levantada, abre-se a portinha... Oh, que gentarada!".

Certa vez, um homem naufragou em uma ilha deserta. Por fim, depois de passar anos vivendo sozinho, um navio apareceu para resgatá-lo. Quando zarpavam, o capitão perguntou ao passageiro:

— Você estava mesmo sozinho na ilha?

— Estava — confirmou o náufrago.

— Então, por que havia três cabanas?

— Bem, a primeira cabana era onde eu vivia. A segunda era a igreja que eu freqüentava. A terceira era a igreja que eu deixei de ir.

Embora possamos rir da história do náufrago, existem motivos legítimos para deixarmos a igreja?

> *Deus convida a igreja a "mergulhar" na missão dele, deixar o porto, levantar âncora e zarpar na alegria e nos riscos do alto-mar. Nossa missão não é aportar, lançar âncora onde é seguro nem nos encher de alegria enquanto outros barcos navegam nas profundezas. O lugar da igreja é em alto-mar, nas águas turbulentas e perigosas, em meio às ameaçadoras e furiosas tempestades.*
>
> — LEONARD SWEET,
>
> *A Cup of Coffee at the Soul Cafe* [Uma xícara de café no café da alma]

Depoimentos sobre a igreja

Os cristãos deixam-se levar pelos mais variados modismos espirituais que se espalham nas igrejas como um sopro de vento passageiro. Durante vários anos, um segmento de nossa congregação acreditava que podia resolver os problemas expulsando demônios, em vez de confessar os pecados e se arrepender deles. É mais fácil para o homem se submeter à expulsão de demônios que lidar com seus pecados, como, por exemplo, a pornografia, de acordo com o que instrui a Bíblia. Enxergava essa preocupação e ênfase exagerada à guerra espiritual como rebelião, quando os envolvidos, como as pessoas em Neemias 9.26 e 2Crônicas 36.15,16, recusavam-se a ouvir as advertências: "Voltem para a Bíblia". Discuti sobre a decisão de deixar a igreja, mas decidi permanecer, pensando em fornecer um ponto de equilíbrio aos novos na fé que poderiam facilmente oscilar com os ventos de doutrinas anormais que sopravam em toda a igreja.

A realidade econômica de nosso bairro é cruel, especialmente para as famílias mais jovens de classe média e baixa. A pressão financeira esmagou os sonhos dessas famílias e forçou-as a se mudar. Elas simplesmente não podiam arcar com os padrões financeiros do bairro. O rol de membros de nossa igreja perderam várias famílias ativas por causa disso, e o declínio econômico está aumentando a pressão, fazendo que outros busquem outros lugares para viver. As igrejas, como a economia, têm seus altos e baixos.

"Isso também passará" tornou-se meu lema, quando fico tentado a deixar a igreja. A congregação passou por diversos conflitos, desde perspectivas calvinistas versus arminianistas, arrebatamento pré-tribulacionista versus pós-tribulacionista e, até mesmo, a maldição hereditária. Às vezes, o conceito é verdadeiro, mas não cabe aos cristãos julgarem e darem a sentença. As verdades de Deus são tão assombrosas e misteriosas que, em vez de nos ater a cada uma, devemos prosseguir para a próxima. Os cristãos são indivíduos em um processo que requer graça para aceitar a verdade, tendo em mente que não é possível sistematizar perfeitamente tudo o que Deus disse. Não adianta discutir e brigar por questões que não se relacionam à pessoa de Cristo e à sua obra na cruz por nós.

Como Josué que foi enganado pelos gibeonitas que disseram: "'Este nosso pão estava quente quando o embrulhamos em casa no dia em que saímos de viagem para cá. Mas vejam como agora está seco e esmigalhado'" (Josué 9.12), nosso pastor foi ludibriado por falsos ensinamentos que, por sua vez, promovia no púlpito. Nossa família decidiu permanecer na congregação, porque o pastor de jovens era um excelente professor bíblico que exercia uma influência positiva em nossas crianças e adolescentes. No processo de passar o bastão da fé para nossos filhos, meu marido e eu ficamos preocupados com o efeito que a mudança de igreja causaria neles. Como eles estavam felizes, optamos por conversar, aberta e calmamente, com o pastor sobre a questão e afirmamos nossa lealdade a esse corpo, apesar das diferenças.

Sem dúvida, há um motivo para deixar a igreja, que é ajudar a iniciar, nutrir e desenvolver outra.

Uma placa colocada acima da porta de nossa igreja não-denominacional diz: "Entre e veja". Uma segunda placa colocada acima da porta de saída da congregação diz: "Vá e diga". Essa igreja é uma casa de expedição. A liderança empenha-se em preparar cada pessoa que entra no santuário a sair e afetar o mundo em nome de Jesus Cristo. Em vez de todos seguirem a visão do pastor, a liderança promove o chamado de cada membro da igreja. Por isso, no culto de domingo, todos se envolvem em algum tipo de ajuda comunitária. Quando alguém da igreja sai de férias, faz uma viagem missionária, muda de emprego ou mesmo vai para a prisão, a igreja se reúne e ora em conjunto, comissionando-o à tarefa que Deus lhe confiou.

Nos tempos dos pioneiros do oeste, depois de se estabelecer por um tempo em um determinado local, a comunidade ou construía uma igreja ou estava fadada ao fracasso. Era fatal.

Nada é capaz de produzir tamanha alegria e contentamento, senão o puro deleite. Portanto, vá à igreja aos domingos. Sim, conheço todas as desculpas; sei que é possível adorar o Criador e dedicar-se à vida virtuosa em meio às árvores, à beira de um regato ou em sua própria casa da mesma forma que na igreja, mas, infelizmente, sei também que o homem comum não é dado à adoração nem à devoção. Se ficar longe da igreja, não se empenhará em boas obras ou meditações elevadas. [...] *Talvez não ouça um bom sermão na igreja, mas, desde que não seja muito desventurado, certamente ouvirá o sermão de um bom homem.*

Ademais, mesmo que não ouça um bom sermão, é bem possível que ouvirá e participará da leitura de belas passagens bíblicas; e, se não estiver familiarizado com a Bíblia, esse dano é tamanho que fará bem em se apressar a corrigir. Ele conhecerá e cumprimentará ou conversará com seu próximo, pessoas boas e pacíficas. Se não pensar muito em si, de muito se valerá, sobretudo quando começar a pensar nos outros.

— Theodore Roosevelt

CAPÍTULO

14

Nada se compara à nossa família

Tudo que preciso saber sobre a igreja aprendi com a Arca de Noé:

1) *Não perca a viagem.*
2) *Lembre-se de que estamos todos no mesmo barco.*
3) *Planeje com antecedência. Quando Noé construiu a arca, não estava chovendo.*
4) *Mantenha a forma. Quando estiver com 600 anos, alguém poderá lhe pedir para fazer algo muito importante.*
5) *Não dê ouvidos às críticas; apenas concentre-se no trabalho a ser feito.*
6) *Construa seu futuro em um lugar alto.*
7) *Por segurança, viaje acompanhado.*
8) *Velocidade nem sempre é uma vantagem. As lesmas subiram a bordo com os leopardos.*
9) *Quando ficar estressado, circule por um tempo.*
10) *Lembre-se: amadores construíram a Arca, e profissionais construíram o Titanic.*

11) Por pior que seja a tempestade, navegando com Deus, você sempre encontrará um arco-íris no final.

12) Dentro da arca pode estar cheirando mal, mas ainda é a melhor opção.

— Boletim de uma igreja

É tolice desprezar a igreja. Há pouco tempo, em um domingo, pensei em ficar na cama, porque tivera uma semana difícil. Afinal, no meu ramo de trabalho, já tenho bastante alimento espiritual.

O que você acabou de ler está totalmente errado! Sim, essa idéia passou pela minha cabeça mais de uma vez, mas não me rendi. Fazer parte de uma igreja-família é um dos poucos mandamentos claros do Novo Testamento. Posso estar ocupada com as tarefas do Reino durante a semana, mas nada é capaz de substituir a igreja ou de me eximir de fazer parte dela.

Pensando em tudo que há de bom na vida, é fácil considerar a igreja uma opção. Os membros ausentes da igreja oferecem muitos motivos para negligenciar a congregação: "Na verdade, vou a vários lugares"; "Estou mudando de igreja"; "Esta igreja não atende às minhas necessidades"; ou "Temos um pastor diferente, mas gostava mais do anterior".

Se alguém me perguntar: "Como você sabe que a história de Jesus é verdadeira, que ele é o filho do Deus vivo, que a ressurreição aconteceu de fato e que a Palavra de Deus fala conosco?", a resposta é simples: a igreja! O fato de que, durante dois milênios, a essência das boas-novas foi preservada, e a verdade sempre prevaleceu é a base mais forte e segura para minha fé. Faço parte de uma família diversa e vibrante e em expansão.

Por permanecer na mesma igreja por quase sessenta anos, ganhei certa experiência. Aprendi que:

- depois de um certo tempo, posso me acostumar às mudanças no estilo de adoração e pregação;
- esta é a minha igreja-família e não posso abandoná-la, da mesma forma que não abandonaria minha família natural.

Vou à igreja todo domingo para:

- celebrar a ressurreição de Jesus Cristo;
- dar o exemplo para meus filhos e netos;
- servir de bênção para os outros;
- parar e reconhecer que ele é Deus;
- adorar a Trindade, e nenhum programa inepto impedirá meu acesso a Deus;
- ser obediente a Deus congregando com outros (v. Hebreus 10.25) da família do Senhor, e não de algo que eu mesma criei;
- ser conhecida, pois se minha família passar por uma crise e precisarmos de ajuda, a igreja certamente reconhecerá nosso nome.

Em nosso grande país, há vários recursos para nos tornarmos cristãos melhores e mais firmes, mas somente uma igreja. Nunca tirei um dia de folga, porque conheço minhas próprias fraquezas. Em todos esses anos, ouvi ótimas mensagens espirituais sobre os temas mais variados, mas ainda me resta um longo caminho a percorrer até alcançar a maturidade espiritual. O crescimento é invisível, mas acontece. A obediência é uma recompensa em si. Sou abençoada em minha igreja-família por ver as longas histórias de crescimento familiar. Adoro a expressão bíblica: "plenitude do tempo".

No domingo, no fim do dia, antes de ir para a cama, uma viúva reunia os sete filhos na sala de sua pequena casa para orar. Eles cantavam um hino antigo, às vezes, em inglês, às vezes, em espanhol:

O dia que destes, Senhor, findou
A teu comando, a noite caiu;
Hinos de louvor o homem cantou,
Agora, na tua glória, descansou.

A igreja que trabalha sem cansar,
A terra que avança a girar,
O mundo ela continua a vigiar,
Agora, dia e noite sem cessar.

Em cada continente e ilha fria
A madrugada traz um novo dia,
A voz da oração nunca silencia
Nem a força do louvor definha.

O sol desponta e insiste em raiar
Os irmãos no ocidente a despertar,
Cada hora, novos hão de louvar
Obras maravilhosas que vieste realizar.

Que assim seja, Senhor, teu trono se erga,
Como os impérios na terra, nunca pereça
Teu reino desponte e para sempre cresça
E toda a criação a tua voz obedeça.

—*"The Day Thou Gavest, Lord, is Ended",*
JOHN ELLERTON (1826-1893)

Muito ao longe, nos confins da Argentina, a família de Luis Palau cantava um hino para se lembrar do grande alcance da igreja e das últimas palavras de Jesus antes de sua ascensão: "'Portanto, vão e façam discípulos de todas as nações, batizando-os em nome do Pai e do Filho e do Espírito Santo, ensinando-os a obedecer a tudo o que eu lhes ordenei. E eu estarei sempre com vocês, até o fim dos tempos'" (Mateus 28.19,20).

É maravilhoso pensar que, em todas as eras, desde a ascensão de Jesus Cristo, a luz do evangelho nunca se apagou. Ela pode ficar fraca em alguns lugares e em algumas épocas em que as pessoas adoram em segredo, orando por esse privilégio em sua vida. Ela jorrou, superando grandes obstáculos, cresceu e vicejou em cada canto do mundo. Não se pode ignorar nem menosprezar algo que Deus acalenta e permite de forma tão incrível. Como escreveu Samuel Sebastian Wesley: "E, um dia, a igreja vitoriosa descansará".

Sempre há de existir a igreja
E o mundo,
E o coração do homem
Perturbado e confuso
Elege e é eleito
Destemido, ignóbil, sombrio e iluminado,
Oscila entre as portas do inferno e o Reino dos céus
E as portas do inferno não hão de prevalecer
Das trevas
Resplandecerá a luz

—"*The Rock*"[A rocha],
T. S. Eliot (1888-1965)

Àquele que é capaz de fazer infinitamente mais do que tudo o que pedimos ou pensamos, de acordo com o seu poder que atua em nós, a ele seja a glória na igreja e em Cristo Jesus, por todas as gerações, para todo o sempre! Amém!

— Efésios 3.20,21

Esta obra foi composta em *Agaramond* e impressa
por Imprensa da Fé sobre papel *SP bright* 70 g/m²
para Editora Vida em junho de 2008.